[日]箭内亘◎著
陳捷 陳清泉◎譯

元代蒙漢色目待遇考

山西出版傳媒集團
山西人民出版社

圖書在版編目(CIP)數據

元代蒙漢色目待遇考 / [日] 箭内亘著；陳捷，陳清泉譯. —太原： 山西人民出版社，2015.9(2024.2重印)
(近代海外漢學名著叢刊 / 鄭培凱主編)
ISBN 978-7-203-09141-7

Ⅰ. ①元… Ⅱ. ①箭… ②陳… ③陳… Ⅲ. ①階層－社會地位－研究－中國－元代 Ⅳ. ①K247.07

中國版本圖書館CIP數據核字(2015)第191325號

元代蒙漢色目待遇考

叢刊主編　鄭培凱
著　　者　[日] 箭内亘
譯　　者　陳　捷　陳清泉
責任編輯　崔人杰

出 版 者　山西出版傳媒集團・山西人民出版社
地　　址　太原市建設南路21號
郵　　編　030012
發行營銷　0351-4922220　4955996　4956039
　　　　　0351-4922127(傳真)
天猫官網　https://sxrmcbs.tmall.com　0351-4922159(電話)
E-mail　sxskcb@163.com　發行部
　　　　　sxskcb@126.com　總編室
網　　址　www.sxskcb.com

經 銷 者　山西出版傳媒集團・山西人民出版社
承 印 廠　山西出版傳媒集團・山西新華印業有限公司

開　　本　700mm×970mm　1/16
印　　張　8
字　　數　60千字
版　　次　2015年9月　第一版
印　　次　2024年2月　第二次印刷
書　　號　ISBN 978-7-203-09141-7
定　　價　40.00圓

近代海外漢學名著叢刊編委會名單

出版説明

近代海外漢學名著叢刊選取一九四九年以後未再刊行之近代海外漢學作品，編例如次：

一、本叢書遴選之作品在相關學術領域具有一定的代表性，在學術研究方嚮、方法上獨具特色。

二、爲避免重新排印時出錯，本叢書原本原貌影印出版。影印之底本皆經專家組審定，原書字體大小、排版格式均未做大的改變。

三、爲使叢書體例一致，本叢書前言、後記均采用繁體字排版。

四、個別頁碼較少的版本，爲方便裝幀和閱讀，進行了合訂。

五、少數作品有個别破損之處，編者以不改變版本内容爲前提，部分進行修補，難以修復之處保留缺損原狀。

六、原版書中個别錯訛之處，皆照原樣影印，未做修改。

由於叢書規模較大，不足之處，在所難免，殷切期待方家指正。

總序／温故而知新

晚清以來，西力東漸，西方文化思想的著作也大量譯成中文，最著名的如嚴復與林紓的譯著，影響了整個二十世紀中國的知識界與文學界，使得中國文化的思維脈絡爲之丕變。除了西方思想經典、文學與實證科學著作的翻譯，以實證方法系統化探討中國文史的域外漢學，也對中國學術思想界産生了莫大衝擊，改變了中國學術的著述方法與取嚮。

中國傳統的知識結構，是按經史子集四庫分類的，以儒家意識形態的經學爲文化知識的砥柱，以史學爲貫串歷史經驗的殷鑒，至於子部與集部，則是作爲保存文獻、擴大知識面的附帶知識，可以耽情冥想，可以悠遊玩賞，却都是邊緣化的知識，無關聖教的弘揚，無關文化精髓的宏旨。西方文藝復興之後的現代學術體系，在知識分類上，與中國傳統大相徑庭，講究系統分科，不同知識領域各有其客觀存在的價值，有其相對獨立的目的與標準。日本知識界在明治維新以來，鑒於東方文明落後於西方的船堅炮利，率先效法西方，在追求「文明開化」、「脱亞入歐」的過程中，爲日本學術發展循着現代西方的體例，建立了哲學、文學、歷史學、經濟學、法學、商學、物理學、化學、地質學、醫學、農學、工程學、植物學、動物學等等新型學科，企圖與西方學術齊頭並進，從而影響了中國近代學術體系的發展。

本叢刊選印二十世紀上半葉出版的漢學譯著近百册，分爲三大類：「歷史文化與社會經濟」、「古典文獻與語言文字」、「中外交通與邊疆史」，反映民國時期學術界重視西方及日本漢學研究的成果，藉助他山之石，重新審視中國傳統歷史文化的意義，特別是開拓了傳統學術忽略的領域。五四新文化運動以來，中國學者如蔡元培、胡適都提倡「整理國故」，以理性實證的方法，對中國文化傳統做出系統化的研究，是與這些漢學譯著相輔相成的。這些譯著除了介紹域外漢學的成果，還引進了嶄新的學術研究方法與視角，有助於梳理中國文化傳統的脈絡，重新整合知識結構與學術體系。雖然這些學術著作不是中國學者的成就，無法納入二十世紀中國文史學術的主脈，但是從中文譯本的影響而言，起碼也應當視爲中國近代學術發展的支脈或潛流，不容忽視。可惜的是，到了二十世紀下半葉，因爲兩岸政治形勢的變化，這些漢學譯著，除了部分因王雲五重新入主臺灣商務印書館，而得以在臺灣做了少量的重印，在大陸的出版界，則完全受到遺忘，甚至在許多新成立的大學圖書館中也不見踪影。我們搜集了近百册塵封的漢學譯著，呈現給二十一世紀的中國學術界，一方面是爲了銘記前人爲推展學術而做出的努力，另一方面也是爲了提醒新常態時期的學人，學術發展有其歷史累積的脈絡，可以從中汲取歷史經驗，温故而知新。

説到「温故知新」與這批早期漢學譯著的關係，可以從兩個方面來思考，以見翻譯域外漢學如何反映了時代精神，爲融匯東西方學術思維，重新闡釋中國文化傳承，做出不可磨滅的貢獻。一是域外漢學的研究對象，以中國歷史文化典籍爲主，屬於中西文化碰撞期間興起的「國學」範疇，與五四新文化人物提倡的「整理國故」運動若合符節。研究中國歷史文化，並賦予新的學術意義，是清末民初知識精英念兹在兹的心結。歷史發展走到一個環節，時代的狂風揚起了批判傳統的大旗，風中的英雄幫着推波助瀾，却又無時或忘自己民族文化主體的未來，糾纏於「傳統」能否「現代」的困境。域外漢學的出現，以西方實證方法研究中國歷史文化傳統，綜合東西方各種語言文字材料，擴大了研究國學的眼界，即使無法打開中國文化傳統是否走到盡頭的心結，至少是提供了一個解惑的方嚮，在大霧彌漫的夜晚，看到了依稀渺茫的星光。

二是翻譯域外漢學，有一種以子之矛攻子之盾的吊詭作用，逐漸化解了中國文化思維中的自大心理與封閉心態，讓唯我獨尊的國粹基本教義派解除武裝到牙齒的盔甲，轉而吸收並接受西方實證研究的學風。民國期間新式教育制度的推行、學術體系的變化、大學學術專業的創建，具體到北京大學國學門的成立，中央研究院規劃歷史、語言、考古的研究領域，都與翻譯域外漢學背後的旨意是息息相關的。因此，重新閲覽這批民國期間的漢學譯著，對二十一世紀的現代學人來説，温故而知新，不但可以窺知民國學人追求新知的心理狀態，也會刺激吾人反思，認真思考學術研究方法與中國學術發展的前景，更進一步，探索文化傳統的重新闡釋與新知介入的關係。知識體系的變化當然與傳統的重新闡釋有關，是外爍的影響大呢，還是内因變化的成分居多？

論語·爲政記載孔子説：「温故而知新，可以爲師矣。」歷代解經，對這個「爲師」的道理，有兩種相近似但又取嚮不同的解釋。朱熹四書集注説：「故者，舊所聞。新者，今所得。言學能時習舊聞而每有新得，則所學在我而其應不窮，故可以爲人師。若夫記問之學，則無得於心而所知有限，故學記譏其不足以爲人師，正與此意互相發也。」雖然朱熹把知識分爲「舊所聞」與「新所得」，强調的却是「學而時習之」，從中生發新的心得，也就是從詮釋舊典中得到新知。這個説法與朱熹在鵝湖之會以後，作詩唱和，寫給陸九淵的詩句，「舊學商量加邃密，新知涵養轉深沉」，异曲同工，是一個意思，萬變不離其宗，舊學與新知是同一個脈絡的知識學理。

然而，有些朱熹之前的經學家，解釋「温故知新」，却有不同的取嚮。皇侃論語義疏就説：「故，謂所學已得之事也。所學已得者則温尋之不使忘失，此是月無忘其所能也。新，謂即時所學新得者也。知新，謂日知其所亡也。若學能日知所亡，月無忘所能，此乃可爲人師也。」皇侃明確説到，「故」指的是過去所學的知識，而「新」則指的是新近學到的知識，新舊結合，相互發明，就可以「爲人師」了。邢昺論語注疏循着皇侃的思路，也説：「言舊所學得者，温尋使不忘，是温故也。素所未知，學使知之，是知新也。既温尋故者，又知新者，則可以爲人師也。」這裏講的「素所未知」，就不祇是研讀舊學，有了新的體會，從過去的傳統中發展出的「新知」，而是從來没聽過、没想過的新學問了。這種「素所未知」的新學問，結合「舊所聞」，對習以爲常的知識框架，就會産生巨大的衝擊，而出現飛躍性的結構變化。知識内容或許大體沿襲傳統，知識結構却得以重新整合，出現嶄新的認知系統，重新審視自己文化傳統的意義，打開文化傳承的新局面。二十世紀上半葉的漢學譯作，就發揮了這樣的作用，促使中國學者放棄自我中心的文化態度，從各種不同側面，探知中國歷史文化的光譜，以域外（或是全球）的角度觀測中國傳統，摇動了文化的萬花筒，看到七彩繽紛的中國。

嚴復在甲午戰争之後，改良變法思想風起雲涌之時，開始大量翻譯西方思想經典著作，是有感於國人（特别是傳統文化孕育的知識精英）思維系統封閉，企圖介紹實證新知，引進邏輯思維的方法，以破除儒學之道「一以貫之」與「放之四海而皆準」的虚妄。他翻譯天演論，在序文中提到，有人歸納東西方學術思想，認爲中國文化重精神，是形而上之學，立意高超，而西方文化重物質，是形而下之學，祇追求功利的回報。他認爲，這種自以爲是的蒙昧態度，陷入傳統舊學的框囿而不自知，没有自我反思的能力，無法吸收「素所未知」的新知識，也就無法開展並弘揚自己的文化傳統。嚴復非常清楚他翻譯西方經典的目的，是爲了介紹新知，打破中國傳統思維的封閉性，但是，作爲披荆斬棘的拓荒人，他深知思想封閉者的頑固心理，必須因勢利導，以免遭到盲目衛道之士的攻訐。嚴復有其防身的策略，不會像許褚戰馬超那樣赤膊上陣，而是以桐城文章譯述赫胥黎、斯賓塞、穆勒、亞當·斯密、孟德斯鳩，博得晚清知識精英的贊許，文章深閎而傳入了新知義理。從文化變遷的角度而言，通過翻譯，以迂迴戰術來介紹西方思想，得到巨大的成功，産生了改變傳統思維體系的實效，是中國近代思想史上影響深遠的大事。以此類推，民國時期大量翻譯域外漢學的影響，也是不容忽視的思想史課題。

關於清末民初西方學術思維衝擊中國知識精英，顛覆傳統文化的知識結構，錢穆在現代中國學術論衡的序言中，從中國文化本位的立場，發出深刻的感慨，做了籠統的批評：「文化异，斯學術亦异。中國重和合，西方重分別。民國以來，中國學術界分門別類，務爲專家，與中國傳統通人通儒之學大相違异。循至返讀古籍，格不相入。此其影響將來學術之發展實大，不可不加以討論。」錢穆所指出的問題，是傳統知識體系强調「通」，文史哲不分家，最崇尚通儒，而現代學術講究專業分科，各司其職，以至於讀不通古籍呈現的整體性知識思維。姚名達在撰寫中國目録學史的時候，對西力東漸，西潮帶來的翻譯著作及新知新學，也有類似的感慨：「四部分類法，不合時代也，不僅現代爲然。自道光、咸豐允許西人入國通商傳教以來，繼以派生留學外國，於是東西洋洋籍逐年增多。學問翻新，迥出舊學之外。目録學界之思想不免爲之震蕩。」這種對學術體系發生重大變化的觀察，反映了中國學人從晚清一直到民國，夾在東西方兩種不同思維體系的衝突中，身歷其境的切身感受，因此感觸良多。

二十世紀上半葉最能代表中國學術的通儒是王國維與陳寅恪，他們浸潤了經史子集的四部知識傳統，承繼乾嘉篤實的考據學風，却都經過西洋邏輯思維與實證科學的洗禮，參與中國知識結構的轉型。對西方現代知識結構如何在中國生根發芽，不但再三致意，并且以自己的學術實踐來努力促成。王國維早在一九〇二年就寫信給張之洞，反對把經學列爲大學分科之首，而主張效法西方與日本的大學，設立哲學科，明確指出知識結構的分類不可因循傳統，而必須另起爐竈。陳寅恪在一九二五年就清華大學建制的問題，寫了吾國學術之現狀及清華之職責，指出大學的職責在於學術之獨立，而中國學術界的情況令人十分不滿，必須認真效法西方學術的體制及實踐。他説：「蓋今世治學以世界爲範圍，重在知彼，絶非閉門造車者比。」這兩位國學大師，對西方與日本的漢學研究十分注意，都是以開放態度對待域外漢學研究，集思廣益，以成其大家。

再回到「温故知新」的歷代經解，説説文化傳承的闡釋學意義。劉寶楠在論語正義中指出，上古之時，文化知識是上層統治精英的家學，不再治理實際政事的長者可以傳遞德行的知識，可以爲人師。「温故而知新」，就顯示長者不忘舊時所學，且能吸收新知，繼承并發揚這種學術與政治合一的傳統。到了孔子之時，時代出現了變化，士大夫不見得能够謹守家法，弘揚德行，也不一定能够「爲師」了。孔子之後，世變日亟，「道術爲天下裂」，文化知識不再爲少數統治精英所壟斷，也不必然與治理政事有關，學術在民間百花齊放，百家争鳴。但是，學術知識發展的脈絡基本未變，仍然是要温故知新，進德修業。從劉寶楠不經意的闡釋中，可以看到時代變遷影響了學術文化的内容，改變了知識結構的體系，但其内在發展的理路仍舊，還是需要舊學與新知的融合，才能有所發展。

劉寶楠還引述了劉逢禄的解釋：「故，古也。六經皆述古昔、稱先王者也。知新，謂通其大義，以斟酌後世之製作，漢初經師皆是也。」劉寶楠贊成這個説法，並指出，漢唐人解釋「知新」，大多數都沿用此意。也就是説，舊學是傳統的知識結構體系，新知是時代變化出現的新知識，必須相互斟酌，才能發揮得宜。至於如何對舊學「通其大義」，就見仁見智，各有説法了。從這個通達的詮釋來討論近代西學東漸的情況，我們可以看到，「温故而知新」在民國學人的心底，是産生「傳統」與「現代」糾葛的心理陷阱，不易跨越。若依照朱熹的説法，「學能時習舊聞而每有新得，則所學在我而其應不窮」，雖然在哲理上可以模模糊糊説通，但在清末民初的具體歷史環節，西學的新知屬於完全不同的知識體系，在原有的舊學脈絡中，根本無從立足，如何「其應不窮」？所以，真要放之四海而皆準，提升「溫故而知新」的普世意義，以理解域外漢學譯著與近代學術知識體系變遷的文化史意義，我們認爲，皇侃、邢昺，一直到劉寶楠的闡釋，是比較合適，並與現代文化闡釋學的説法相近。

伽達默爾（Hans-Georg Gadamer）在他的名著真理與方法中，説到認知理性與文化傳統的關係，特别指出，人們通過理性，來判斷歷史文化中事實的真相，但是人的理性與生存環境息息相關，與傳統所衍生的豐富文化底藴有關，不可能完全超越文化傳統的思維脈絡。他認爲，人生活在文化傳統之中，就不可能「遺世獨立」，以全能超越的抽象思辨來認識傳統，甚至是批判或顛覆傳統。傳統是歷史文化延續與傳承的表徵，不會一成不變，而我們的認知理性也會因時代變遷，而不斷重新詮釋傳統。伽達默爾的闡釋學以西方文化傳統爲例，説明新知如何納入傳統，而使文化傳統生機不斷，生生不息，與中國歷代經學家的説法（朱熹除外），有异曲同工之效。以此觀照民國時期的漢學譯著，我們認爲，這批學術新知傳入中國，對中國文化傳統的繁衍與發展，實有承先啓後之功。

近代海外漢學名著叢刊的出版，最值得感謝的是南兆旭先生二十多年來搜羅的執着與努力。雖然這套叢刊不能窮盡民國時期的漢學譯著，但是，能滙集上百册自一九四九年以來在國內不曾重印的學術著作，再度公之於世，總是功不唐捐的大功德。忝爲本叢刊的主編，我面對這批民國學術材料，先是感到紛雜無章，有些原作者的學術素養也難副當前的學術標準，甚爲猶豫。後轉念一想，這是上個世紀中國最紛亂時期的學術記録，也是民生凋敝，國勢隤危，內亂外患交加之際，仍有許多學者孜孜矻矻，戮力翻譯域外漢學，爲中國學術的傳承拓展新知的坦途，不禁肅然起敬，開始用心整理分類。掛一漏萬，在所難免，好在有學殖豐贍的諍友擔任分卷主編，並撰寫各分卷前言，實在是衷心銘感。有傅杰教授負責「歷史文化與社會經濟」、戴燕教授負責「古典文獻與語言文字」、霍巍教授負責「中外交通與邊疆史」，吾道不孤矣。在整理編輯過程中，周威先生費心最多，也是我要衷心感謝的。

道術之存亡，全在人心之嚮背。這批民國漢學譯著重新問世，對我們生長在承平之世的學人，應當有激勵的作用，爲學術研究多盡份力，讓中國學術發展更上一層樓。

鄭培凱

二〇一五年七月

前言

在中國近現代學術史上，一個重大的轉折時期出現在清末民初，中國文化和中國學術幾千年來所積澱的自負和驕傲，受到前所未有的衝擊和挑戰。這種壓力既來自外部，也來自於內部，既包含着一個古老民族對於西方列强從政治、軍事、經濟、文化等各個方面强勢壓迫的自然反抗，也有着當時學人從學術傳統、研究範式、價值取嚮、材料方法等深層次的理性思考。在這樣一個大背景之下，陳寅恪先生因主張「一時代之學術，必有其新材料與新問題」而著稱於世，傅斯年先生也因倡導「上窮碧落下黄泉，動手動脚找東西」而聲名顯赫。其實，傅斯年先生這句名言的出處是在他撰寫的歷史語言研究所工作之旨趣一文當中，在講這句話的前面，他還有很長的一段話比較了當時中西學術發展出現的差距，并且指出了學術發展的三項標準：

（一）凡能直接研究材料，便能進步。凡間接的研究前人所研究或前人所創造之系統，而不能繁豐細密的參照所包含的事實，便退步。（二）凡一種學問能擴張他研究的材料便進步，不能的便退步。西洋人研究中國或牽連中國的事物，本來没有很多的成績，因爲他們讀中國的書不能親切，認中國事實不能嚴辯，所以關於一切文字審求、文籍考訂、史事辯别等等，在他們永遠一籌莫展。但他們却有些地方比我們範圍來得寬些。我們中國人多是不會解决史籍上的四裔問題的，丁謙君的諸史外國傳考證，遠不如沙萬君之譯外國傳、玉連之解大唐西域記、高幾耶之注馬可波羅遊記、米勒之發讀回紇文書，這都不是中國人現在已經辦到的。凡中國人所忽略，如匈奴、鮮卑、突厥、回紇、契丹、女真、蒙古等問題，在歐洲人却施格外的注意……（三）凡一種學問能擴充他做研究時應用的工具的，則進步，不能的，則退步。……西洋人做學問不是去讀書，是動手動脚到處尋找新材料，隨時擴大舊範圍，所以這學問才有四方的發展，嚮上的增高。［一］

他這裏所强調的材料的擴充、方法的進步，尤其舉出研究中國「四裔問題」上西方學術界的重視與所獲成績的例子，實際上都暗含着兩層意思在内：其一，是倡導重視除文獻材料之外地下材料的出土，號召學人不讀死書，而要「動手動脚到處尋找新材料」，才有可能拓展學術空間，「隨時擴大舊範圍」。西方學者古書遠遠不如中國人讀得好，却能够不斷拓展新領域，取得新成績，這是一個重要的原因。其二，是主張將研究空間從傳統的中原地區嚮着邊疆地區（亦即舊籍中的「四裔」）拓展，認爲這將是中國學術未來發展的方嚮。他尤其提到的匈奴、鮮卑、突厥、回紇、契丹、女真、蒙古等問題，都是國人重視不足，但「在歐洲人却施格外的注意」的新問題。直到今天看來，傅斯年先生所倡導的這個方嚮，也仍然具有深遠的戰略眼光。民國時期學術所受海外漢學的影響是多方面的，而其中對於中國邊疆、民族和中外文化關係等方面的研究成果尤其引人注目，也爲時人所重視，都與這個時代背景有着密切的關係。

近代以來，西方學者（包括被國人視爲「東洋」的日本學者在内）的一批學術著作陸續被翻譯成中文出版，成爲當時國人瞭解西方並從而反觀自身的一面鏡子。其中，被選入本套近代海外漢學名著叢刊的許多名

［一］傅斯年：歷史語言研究所工作之旨趣，國立中央研究院歷史語言研究所集刊第一本第一分，民國十七年十月。

家著作，堪稱其代表之作。這當中，有對中國古代民族史進行深入研究的白鳥庫吉著康居粟特考、帕克（E.H.Parker）所著匈奴史、津田左右吉著渤海史考等名著，也有涉及中國古代民族制度文化史的箭内亘著元朝制度考、元代經略東北考等系列研究專著。尤其是在中外文化交流和關係史方面，日本學者桑原騭藏著唐宋貿易港研究、木宮泰彦著中日交通史等著作，都開啓了這個領域的研究先河，影響甚爲深遠。

這批海外漢學名著的學術特點非常突出，一方面，它們大都充分利用了豐富的中國古代歷史文獻進行精深的文本分析，體現出作者的漢學水平和深厚的古文獻根基；但另一方面，從總體的研究方法上却與傳統的中國學術大相徑庭，作者已經不再像二十四史的史家那樣仍舊站在中原王朝正統史觀的立場來觀察所謂「四裔」，進行粗綫條的描述，而是以西方考古學、人類學、社會學等全新的研究方法和理論對研究對象從歷史語言、地理環境、社會組織結構、人群遷移流動、對外文化交流等不同的層面和角度加以剖析，從而展示出前所未有的學術新格局。在這批著作中，還有一部分屬於作者實地考察的行記，如鳥居龍藏所著東北亞洲搜訪記等，無論其學術水平如何參差不齊，但都體現出西方學術界重視田野工作、擴大和豐富新材料的研究取嚮，也和當時西方學者大規模進入我國邊疆地區開展所謂「考察」、「探險」活動的歷史背景相互呼應，由此對中國學人所産生的激烈震蕩和隨之而來「敦煌學」、「西夏學」、「蒙古學」、「藏學」等新的研究領域的形成，應當説都與之不無關係。

我們不能不注意到，在這批海外漢學名著中，日本學者的著述頗豐，這個特點也反映出近現代學術史上「東洋」與「西洋」之關係。自明治維新以來，日本以「脱亞入歐」爲國家目標，不僅在政治、經濟和軍事上努力以西方爲效仿和追趕對象，在文化上也與傳統的「以中國文化爲師」的模式拉開距離，出現了學術文化上的明顯轉型。在嚮西方學術學習借鑒方面，日本的確走在了中國的前頭，甚至承擔了嚮中國「轉手」輸入西方文化的「中間人」的角色。在中國的邊疆、民族、中西交通史等方面，日本學術界和西方學術界聯繫緊密，將其對中國傳統史籍的精深理解和西方研究範式的具體實踐有效加以結合，產生出一批重量級的學術成果，這也是清末民初投射在中國學術史背景上的一個濃重剪影。

當然也無須諱言，由於時代的局限，這套叢書所能够借以參考、使用的實物史料隨着地上地下考古文物的不斷發現，已經顯得落後。自二十世紀五十年代以來，中國學者在邊疆考古領域取得了重要的成績，尤其是在新疆、西藏、内蒙古、東北各地的田野工作爲匈奴、鮮卑、粟特、吐蕃、突厥等若干古代民族問題的研究都提供了大量新材料，提出了不少新問題。但是我們不能苛求前人，放在當時的歷史背景之下來看，叢書作者所顯現的問題意識、史料運用和研究方法，至今也仍然是具有借鑒作用的。

最後我們還應注意到，這批海外漢學著作的譯者有些是國人知曉的史學名家，如向達先生、趙敏求先生、方壯猷先生等，他們均具有深厚的傳統國學根底，也具有寬廣的國際視野，其中如向達先生曾遊學歐洲多國，在敦煌學、中西文化交流史研究等方面建樹卓越。但是，也還有更多的編譯者今天已經不再爲人知曉，這反而證明了一個事實：在清末民初這個中國近現代學術史轉型時期，西方學術所帶來的衝擊和影響，不僅僅波及少數學術精英，而且也深刻地震蕩着社會各個階層，中國人嚮西方學習從而變革求新、救亡圖存的强烈願望，可以説是這些譯著當年問世時最爲直接的「催生劑」。今天，在中華民族爲實現偉大的民族復興和「中國夢」的美好願景而努力奮鬥的新時代，重讀這套叢書，「温故而知新」，可以説是意味深長。

四川大學教授、博士生導師、教育部長江學者特聘教授

霍　巍

作者簡介

著者

箭内亘（Yanai Wataru，一八七五年—一九二六年），日本蒙元史學家，號尚軒。一九〇一年畢業於東京大學史學科。後進大學院，研究中國耶穌教史。一九〇八年參加白鳥庫吉主持的南滿鐵「學術」調查部，爲滿洲歷史地理和滿鮮地理歷史研究報告遼、金、元三朝的主要撰寫人。一九〇九年曾赴中國東北、遼東、遼西地方搜集資料。一生發表論文三十餘篇，内容以蒙元制度史和歷史地理居多。制度史研究方面尤以元之「忽裏勒臺」制度、禁軍和社會階級制度研究爲精；歷史地理方面的主要代表作爲東真國之疆域、元代滿洲疆域、元明時代的滿洲交通路等。

譯者

陳捷，資料不詳。

陳清泉（？—約一九四一年），號味菊、味菊軒主。從事日本名著翻譯，著有諸子百家考，譯有中國音樂史、朝鮮通史、中國經濟史概説等。

元代蒙漢色目待遇考

目次

元代蒙漢色目待遇考

（原名元代社會三階級（色目考）載日本大正五年十二月滿鮮地理歷史研究報告）

一　緒言——色目之意義

所謂元代社會三階級者，卽蒙古，色目，漢人之謂也。然雖曰階級，固非如印度之階級，所謂 Caste 者，相互差別之峻嚴也。惟此三者在元代社會中常有明瞭之區別。色目決不能爲蒙古漢人決不能爲色目及蒙古。（註）而國家之待遇亦常有多少差等，且大體上亦有人種言語風習歷史地域之異；決非單就其身分而言者。故謂之爲階級，必非不當也。

（註）元史卷一三世祖紀曰：「至元二十一年八月，定擬軍官格例。以河西，回回，畏吾兒等依各官品充萬戶府達魯花赤，同蒙古人。女直，契丹，同漢人。若女直契丹生西北，不通漢語者同蒙古人。女直生長漢地，同漢人。」河西，卽當時普通所謂唐兀。

至回回畏吾兒等，則皆屬色目人。據此記載，三階級之內容似亦時有例外。惟後半意義，稍欠明瞭。蓋謂女直及契丹人生於西北，（即蒙古本地）且熟悉蒙古語而不通漢語者，與蒙古人同一待遇。女直人生於漢地者，與漢人同一待遇。當非稱之曰蒙古人漢人也。又此爲專指任命萬戶府達魯花赤者否？抑無論何處皆如此解釋否？無由明證。又此文前半，殆只謂色目與蒙古人，同得爲萬戶府達魯花赤之謂，決非謂色目人與蒙古人同一也。

所謂蒙古者指蒙古人，漢人指中國本部人及附近二三民族；色目一稱色目人，即中國歷史所謂西域諸國之人也。蒙古漢人之名，不需何等解說。色目之語義，則頗不明瞭。今試加以解釋如左：

色目二字，始見於資治通鑑卷四二唐紀德宗建中元年春正月條。曰：「始用楊炎議，命黜陟使與觀察刺史約百姓丁產，定等級，改作兩稅法。比來新舊徵科色目，一切罷之。二稅外，輒率一錢者，以枉法論。唐初賦歛之法，曰租庸調。……玄宗之末，版籍寖壞，多非其實。及至德兵起，所在賦歛，迫趣取辦，無復常準。賦歛之司，增數而莫相統攝，各隨意增科，自立色目，新故相仍，不知紀極。……」此所謂色目者，乃稅之種類之意。色者，與金元兩史中頻見之諸色，各色，隨色，稅色，諸色稅科，諸色課程，六色宣課之色同意。目者，題目，名目，課目等之目也。又宋錢易南部新書曰：「大中以來，禮部放牓，歲取三二人。姓氏稀僻者，謂之色目人，亦謂曰牓花。」淵鑑類函（卷一三八）政術部貢舉條引記纂淵海亦收此條。惟「大中」之上有「唐」字，「牓」作榜，「亦」字之下無「謂」字耳。大中者，唐宣宗之年號也。「姓氏稀僻」云者，卽不常見聞之意，似指外國人。果然，則外國人及歸化之外國人，應科舉而及第者，稱色目人。又宋蔡絛北征紀實（三朝北盟會編卷二十一所引）記宋金同盟破遼後，兩國間交涉事曰：「始方討小骨碌，以未得天祚（遼帝）也。粘罕（金將）遣使謂貫（童貫）曰，海上元約，不得存天祚，彼此得卽殺之。今中國違約招來之，今又藏匿，我必要也。貫拒以無有。卽又遣使迫促，貫語不大遜。貫不得已，遣諸將出境上，曰，遇有異色目人，不問便殺，以首授使人。然金人俄自得之，事乃息。」云云。此所謂異色目人者，卽相貌不同之人之意，卽指遼人（契丹人）者。此外若詳加檢索，仍能發現元代以前著述中之色目及色目人之語。茲姑據上列三書，及元史之記載推測之，所謂色目或色目人者，卽「色目相異之人」，亦卽北征紀實所謂「異色目人」之略稱。「未見慣，未聞慣，有異樣相貌之人」之意。由元代蒙古人之眼光觀之，漢人，契丹人，女眞人，高麗人，固亦爲外國人；但比之西域人，則爲見慣聞慣之外國人。而西域人則彼等新見新聞之外國人也。故蒙古人總稱契丹女眞等曰漢人，而稱此新接觸新征服之西域人曰色目人。

然則元代總稱西域人曰色目人始於何時乎？世祖以前，無用此名稱之徵證。元史世祖紀曰：「至元二年二月甲子，以蒙古人充各路達魯花赤，漢人充總管，回回人充同知，亦爲定制。」（卷六）此所謂回回人，卽後之所謂色目人也。又曰：「至元五年三月，罷諸路女直，契丹，漢人爲達魯花赤者。回回，畏兀，乃蠻，唐兀人仍舊。」（同上）亦未稱色目人，而只舉其部族之名。又曰：「至元十六年九月乙巳朔，詔今後所薦朕自擇之。凡有官守不勤於職者，勿論漢人回回，皆論誅之，且沒其家。」（卷十）是以回回爲色目人之代表也。又曰：「至元二十二年五月丁亥，分漢地及江南所拘弓箭兵器爲三等。下等毀之，中等賜近居蒙古人，上等貯於庫。有行省行院行臺者掌之。無省院臺者，達魯花赤畏兀，回回居職者掌之。漢人新附人雖居職，無有所預。」（卷十三）亦只稱畏兀回回。然至卷十四則云：「至元二十三年四月甲辰，行御史臺自杭州徙建康，以山南，淮東，淮西三道按察司，隸內臺，增置行臺色目御史員數。」又曰：「至元二十三年六月戊申，括諸路馬，凡色目人有馬者，三取其二，漢民悉入官。」（同上）由此觀之，色目之稱呼，似始於至元二十二三年之交者；其實不然。關於此問題，有收錄原文書而較元史更有力者。卽元典章卷三〇禮部喪禮條，關於至元十五年正月焚屍之禁約，行御史臺所出之訓令中有云：「禮部議得，四方之民，風俗不一。若便一體禁約，似有未盡參詳。比及通行定奪以來，除從軍應役并遠方客旅諸色目人，許從本俗，不須禁約外，據土著漢人，擬合禁止。……」由此觀之，則似自至元十五年，或其以前，行此稱呼者。元史固不必論；卽元典章中，於至元十六年以後，一方面用「色目」二字，同時又列舉所屬部族之名者亦不少。此爲當代著述家之常例，毫無足怪。據以上諸例推定之，色目一語，以西域人之意而慣用之者，自世祖時始，而在至元十年前後。

（註）元史卷一四九郭寶玉傳有云：「軍戶蒙古色目人，每丁起一軍，……皆寶玉所陳也。」驟觀之，似自太祖時已有色目人之稱呼者，其實不然。此不過以後來慣用語代「回回」之名者耳。又同書卷三憲宗紀二年壬子十二月條云：「以只兒斡帶掌傳驛所需，孛魯合掌必闍赤寫發宣詔及諸色目官職。」亦似憲宗時已有色目之稱者，實決不然。所謂「諸色目官職」者，實「諸色官職」之誤，目字乃衍文也。卽元年條之「以孛魯合掌宣發號令朝覲貢獻及內外聞奏諸事」，二年又重出者。蒙兀兒史記謂孛魯合以下十七字爲衍文，可從。

吾人雖無斷言之勇氣，但以爲後魏時代，及遼代，鮮卑人契丹人漢人之間，似不能認有何等階級的差別。及至金代，關於授猛安謀克之榮爵，在創業時，本無內外之別；其後漸有國人本位之政策，先由漢人渤海人奪此榮爵，而次及契丹人。金代兵制之研究，及猛安謀克考中，曾詳述之。故女眞契丹漢人三階級，在金代社會中，亦不能見有何等徵證。獨至元代，百般法令，始終皆能認有此種差別。色目階級，置於漢人階級之上位。其待遇準蒙古人。是實中國法制史上尤當注意之現象。寡聞如余，未聞有發表此種研究者。清代學者中，雖有對此問題稍加注意者，但其所說，殆只爲隨筆的，所感的，未足稱爲研究。然問題既複雜，則解決爲至難之業；淺學如余，非敢言研究也；此篇中惟摘載常見之事例，聊使後之研究者，省檢索之勞耳。

二 輟耕錄之記載——內容

元末明初，陶宗儀著南村輟耕錄。其卷一氏族條，立蒙古色目漢人之目，而以包含於元帝國之幾多大小國名或部族名分配之。元代社會三種階級之內容傳於今日者，惟此最稱精密，夙爲考古家所珍重。此種記載，果爲陶氏自身調查之結果歟？抑別有所據，而陶氏只傳承之歟？無由知之。惟其中國名，部族名，頗有重複；可知不皆精確。且後世傳寫上梓之際所生之誤字，脫字，衍字亦不少。是乃吾人研究時，先當批判者也。然欲縷述此批判之經過，往往流於冗漫，易招讀者之倦怠與誤解。茲特作表，以便對照考察，而期直截簡明的將作者之論旨傳於讀者。其在表中難詳者，則別加補說。

（一）蒙古七十二種

輟耕錄中三氏族之首爲蒙古，列舉所屬之部族，有七十二種。如左：

部族名	重出（備考）	元朝祕史譯字	親征錄及元史譯字	多桑蒙古史之譯字	原名推定音
阿剌剌	阿兒剌歹	阿嚕剌惕	阿兒剌、阿魯剌、阿兒蘭	Erlates	Arula, Arulan, (Arulat)
札剌兒歹		札剌亦兒	札剌兒、押剌伊兒	Djelaïres	Djalaïr, Djalaïrtai.

*忽神忙兀歹	(忽神與忙兀歹二名誤爲一名)				
瓮吉剌歹	瓮吉歹	翁吉喇惕	弘吉剌、甕吉剌、甕吉里、瓮吉剌、甕吉烈、廣吉剌、(金史)	Coungcarates	Onghira, (Onghirat,) Onghiratai.
晃忽攤	晃兀攤	晃豁壇 晃豁塔惕	晃合丹、黄忽答	Kingcotans	Khonghotan, (Khonghotat.)
亦吉烈思	亦乞列歹	亦乞咧思	亦乞剌思、亦乞烈思、亦乞列思、亦其烈思、亦乞列	Ikirasses	Ikire, Ikires.
兀魯歹	兀魯歹、兀羅歹、兀羅羅歹	兀嚕兀惕、豁哩剌兒	兀魯吾、兀魯、兀魯兀台	Ouroutes	Urughu,(Urughut), Urughutai.
郭兒剌思	火里剌誤入色目	豁嚕剌思、豁囉剌思、	火魯剌、火魯剌思	Courlasses	Khorula, (Khorulas.)
別剌歹	(?)				
怯烈歹		客咧亦惕	克烈、克列、怯列、怯烈、怯列亦、怯里亦、怯烈台	Kêraïtes	Kerei,(Kereït)
禿別歹		禿別干(?)	土伯夷、土伯燕		

八魯剌忽		巴嚕剌、巴嚕剌思、	八魯剌斯	Berolasses	Barula, (Barulas.)
曲呂律				Keurloutes?	
也里吉斤			燕只吉台、燕只吉斛	Ildjikines	Ildjikin, Ildjikitai.
札剌只剌	(當爲札只剌之誤)	札只喇歹、札答闌、札答剌歹	插只來	Djadjêrates	Djadjira, Djadjiran, (Djadjirat) Djadjiratai.
脫里別歹	朶里別歹、秃魯八歹(誤入色目)	朶兒邊、朶兒別惕	秃立不帶、度禮班、朶魯班	Dourban	Dörben, (Dörbet.) Dorbetei.
塔塔兒	塔塔歹、答答兒歹(塔一兒?)	塔塔兒	塔塔兒、達達兒、答答里帶、脫脫憐、脫脫里台	Tatares	Tatar, Tatartai.
哈答吉	合忒乞歹(哈答歹?)	合塔斤	哈答斤、合底忻(金史)	Catakines	Khataki, Khatakin, Khatakitai.
散兒歹	(?)				
乞要歹		乞顏	奇渥溫、黑顏	Kiyates	Kiyan, (Kiyat.)

列朮歹	(?)				
顔不花歹	顔不草歹				
歹列里養賽	(?)				
散朮兀歹	撒朮歹	撒勒只兀惕	散只兀、散只昆、珊竹、散朮台、散竹台、珊竹帶、散里知兀觧、山只昆、(金史)	Saldjioutes	Saldjighu, Saldjighun, (Saldjighut.)
滅里吉歹	滅里吉、木里乞、末里乞歹	篾兒乞惕	蔑里乞、蔑里吉、蔑里期、蔑兒吉觧、麥里吉台、梅里急、密里紀(遼史)	Merkites	Merki,(Merkit.) Merkitei.
阿大里吉歹	阿塔里吉歹、阿塔力吉歹、阿火里力歹	阿答兒斤	阿答兒斤、阿答里急	Hiderkines?	Adarki, Adarkin, Adarkitai.
*兀羅歹					
別帖里歹	(?)				

蠻歹	(乃蠻似當入色目)				
也可抹合剌	也可林合剌				
那顏吉歹	那顏乞台	那牙勤	那也勤、那哈合兒	Nouyakines	Noyakin, Noyakitai.
*阿塔里吉歹					
*亦乞列歹					
*合忒乞歹					
*木里乞					
外兀歹	(?)				
外抹歹	外秣歹				

*阿兒剌歹					
伯要歹		巴牙兀惕	伯岳吾、伯牙吾	Bayaoutes	Bayaghu, (Buyaghut.) Bayaghutai.
担古歹	(?)				
*外剌歹					
*末里乞歹					
許大歹	(?)				
*晃兀攤					
別速歹		別速惕	別速		Besü, (Besüt.)
*?顏不草歹					

木溫塔歹	(?)				
忙兀歹	忙古歹、(忽神)忙兀歹	忙忽惕	忙兀	Mingcoutes	Monghu, (Monghut,) Monghutai.
*塔塔歹					
*那顏乞台					
*阿塔力吉歹					
忽神	忽神(忙兀歹)		許兀慎、許慎、旭申、(元文類)	Houschines	Khughushin, Khûshin.
*?塔一兒					
*兀魯歹					
*撒朮歹					

*滅里吉					
*阿火里力歹	（阿大里吉之誤）				
札馬兒歹	（？）				
*兀羅羅歹					
別帖乞乃蠻歹	（？）				
*答答兒歹					
*也可林合剌	（當爲也可抹合剌之誤）				
*鉛吉歹					
朮里歹		沼咧亦惕？	照烈、召烈台？		Djereï, (Djereït.)

忙*古歹					
*外秫歹乃	（乃字當爲衍文）				
*朵里別歹					
八憐		巴阿鄰	霸鄰、八鄰	Barines	Bagharin, Bârin.
緣里吉歹	（?）				
八魯忽歹		巴兒渾 巴兒忽惕		Bargoutes	Barkhun, (Barkhut,) Barkhutai.
*?哈答歹					
外剌	外剌歹	斡亦喇惕	斡亦剌、猥剌	Ouïrates	Oira, (Oirat) Oiratai.

第一欄，依照輟耕錄之次序，記部族名七十二。但其中有名稍異而實爲同部者，因加符號以表

明之。右肩附*符號者，表明重複，附*？符號者，表明疑係重複者。

第二欄摘出其重複之名表明其爲同一部族，以便上下對照。其訛誤甚顯者，則於括弧中錄簡短之備考。其全不詳者，則止附？符號。顏不花歹，與顏不草歹，不知孰誤；但必爲重出。以蒙古名中常用之例考之，姑認草字爲花字之誤，存前者而棄後者。又也可抹可剌之外，有也可林合剌，也可者大也，其頭音有林字不穩，因而存前者而棄後者。又外抹歹之外，有外秣歹乃部族之名，是明爲外抹歹之重出者，乃字爲衍文。又有蠻歹，前記之乃字，似當在蠻歹之上，傳寫之際錯誤者。果然，則乃蠻歹當入色目部，而誤作蒙古七十二種之一者。

第三欄，爲元朝祕史之譯字。此書之譯字，比較的能善寫原音。在判斷第一欄輟耕錄譯字之當否時，與推定原音時，皆爲必要。

第四欄，爲元聖武親征錄及元史之譯字。其間譯字之異同，可供揣摩原音之用，因而極力多錄異譯之名。此兩書以外之中國書，可認爲有參考之必要者，亦附記於括弧中。

第五欄，西方所傳之稱呼，亦足供考定原音時之用。故據 D'Ohsson, Histoire des Mongols,

Tom 1 pp 433—427，摘錄著集史（Djami ut-Tévarikh）者拉施特（Rashid）之譯字。

第六欄，據上五欄之記載，以推定各部族名之原音，以供讀者之參考。其中有加括弧者，乃複稱也。s譯爲思，t譯爲惕，單稱中有有n，有無n者，爲烏拉亞爾泰語族（Ural-Altaiclanguages）名詞中普通之現象。故arula（阿魯剌）又作arulan（阿兒蘭），又語尾有tai ter（台歹）者爲屬於其部族之意，可合併而認爲部族之名。

觀右表，知輟耕錄所謂蒙古七十二種中，明知其爲重複者凡二十四種。疑係重複者三種。認爲當入色目而誤入蒙古者一種。又他處全無所見之十二種中，確認爲文字誤脫者，有列朮歹，歹烈里養賽，列帖乞乃蠻歹三種。若單除重複者，則蒙古種當爲四十八種。若再除稍有可疑者，則當減至四十種上下。又祕史以下元初記錄中常見之有名蒙古部族，爲輟耕錄所未錄者亦不少。即如泰赤兀惕（Taidjighut），兀啢罕（Uriangkhan），斡囉納兒（Oronar），斡勒忽訥兀惕（Olkhunagkhut），別勒古訥惕（Belgünet），不答阿惕（Budaghat），不古訥台（Bugunatai），主兒勤（Churkin），雪你惕（Shenit），格尼格思（Geniges），赤那思（Chinos）等，皆其主要者也。要之屬蒙古氏族者，果有幾種，原難詳知；但輟耕錄之所謂七十二種，實無何等憑信之價值。

（二）　色目三十一種

輟耕錄之蒙古七十二種，既知多誤；則所謂屬於色目之部族名稱，及其種數，亦不可不加嚴密之批判。今依前例，作表如左：

部族名	重出（備考）	元朝祕史之譯字	親征錄及元史之譯字	Bretschneider 中古研究之譯字	原名推定音
哈剌魯	合魯歹、匣剌魯	合兒魯兀惕	哈剌魯、匣剌魯、柯耳魯、罕祿魯、哈兒魯、合魯、哈魯	Kharlekie, Carola.	**Kharluk, Kharlughut.**
欽察		欽察兀惕、乞卜察兀惕	欽察、欽叉	Kipchak, Kifchak.	**Kibchak, Kibchaghut.**
唐兀		唐忽惕、唐兀惕	唐兀、（西夏、河西）	**Tanghut**	**Tanghu, Tanghut.**
阿速		阿速惕	阿速、阿思、阿宿、（阿蘭）	**Yasy, Asi, Aas, Alan, Alania.**	**Asu, Asut, (Alan)**

禿八		禿巴思、	都阿思?、拓跋?、禿卜?		Tuba, Tubas.
康里	夯力	康鄰	康里、康禮	Kankalis, Kankly, Kanklys.	Kangli, Kanglin.
苦里魯	(?)			Cangitae, Cangle.	
剌乞歹	(?)				
赤乞歹	(?)			Ighur, Iaghur.	
畏吾兀	(畏吾兒之誤)	畏忽惕、委兀惕、委兀兒台	畏吾兒、畏兀兒、畏吾而、畏吾、畏兀、回鶻、(北庭、高昌)	Huiur Iugur, Iogur, Uigur.	Uighur, Uighut.
回回		撒兒塔兀勒	回回、回紇、回鶻、(西域)	Sart-aul, Sart-ol.	Sart-aghul, Sart-aul.
乃蠻歹		乃蠻	乃滿、乃馬、乃蠻。奈蠻、(黑韃事略)、奈滿(中州文表)	Naiman.	Naima, Naiman, Naimatai.
阿兒渾			阿兒渾。阿魯虎?阿魯溫?阿剌溫?		Arghun?

*合魯歹					
火里剌	火里剌(當入蒙古)				
撒里哥	徹里哥	薛兒客速惕、薛兒格速惕	撒耳柯思、撒耳柯思	Cherkess, Cherkis, Djerkes, Kerkis, Kergis, Circassia.	Serkes, Serkest.
禿伯歹		脫孛都惕	土伯特、吐蕃、土番、土播思。鐵不得(遼史)	Tebet, Tibet, 'Tubbet.	Töböt, Töbödüt
雍古歹		汪古惕	王孤、雍古、汪古、旺古、甕古、		Onghu, Onghut.
密赤思	(?)				
*夯力					
苦魯丁	(?)				
貴赤	(非部族名)				

*匣剌魯					
禿魯花	（非部族名）				
哈剌吉答歹		合喇乞答惕、合喇乞塔惕	西遼○呷辣吸紿、黑契丹（黑韃事略）	Kara-khitai, Kara-khitat.	Khara-kitai, Khara-kitat.
禿魯八歹	（當入蒙古）				
拙兒察歹	（？）				
*火里剌					
甘木魯			甘木里、合迷里、合木里、罕勉力、哈密力、渴密里、	Camul, Camull, Kamul, Khamil.	Kamul.
*徹兒哥					
乞失迷兒		客失迷兒	怯失迷兒、乞失迷耳、迦葉彌兒、乞石迷	Kasmir, Keshimur, Kashmir.	Keshimir.

右表六欄之理由與前表同。惟第五欄因欲使知西方所傳之稱呼，特利用 Bretschneider, Mediaeval Researches from Eastern Asiatic Sources 之記載，蓋認爲在此目的上最簡便故耳。若欲知各稱呼之出處，宜就原書一觀之。

觀右表，知輟耕錄所謂色目三十一種中，明係重複者五種，當入蒙古而誤入色目者二種。卽如火里剌，以同一譯字而竟重出，可謂粗陋甚矣。他處全無所見之六種中，剌乞歹、赤乞歹二種，確係誤脫其頭字者。試加臆測，前者當作哈剌乞歹，而爲哈剌吉答歹之重出者。後者似爲燕赤乞歹，本爲蒙古氏族中也里吉斤之異譯，而誤入色目者。別有貴赤、禿魯花二種，則非氏族之名，而確爲軍名。(註) 如是則輟耕錄之色目三十一種中，當删除者有九種之多。稍可疑者又有二種。故輟耕錄中雖云色目三十一種，其實只二十種上下耳。

(註)元史卷八八百官志及卷九九兵志，謂樞密院所管諸衞中有貴赤衞。該衞親軍都指揮使，爲至元二十四年創設云。(參觀元代怯薛考) 貴赤一作貴由赤。元史卷一六世祖紀云：「至元二十八年正月丁巳，遣貴由赤四百人北征」。卷一九成宗紀云：「元貞二年七月辛巳，賜貴由赤戍軍鈔三萬九千餘錠」。而輟耕錄卷一則云：「貴由赤，快行是也。每歲一試之，名

曰放走。以脚力便捷者膺上賞，故監臨之官，齊其名數而約之以繩，使無後先差錯之爭；然後去繩放行。在大都則自河西務起程；若上都則自泥河兒起程；越三時，走一百八十里，直抵御前，俯伏呼萬歲。先至者錫銀一餅，餘者賜段匹有差。」楊瑀山居新話，亦有與此大同小異之文。觀此，則貴由赤及貴赤，乃健脚者之謂。查蒙古語同義之語有 Güyüchi 及 Güikchi，當卽其對音也。

然則貴赤軍或貴赤衛，果皆以健脚者組成者歟？似未必然。許有壬撰故右丞相祛烈公（鎭海）神道碑銘有云：「世祖立極，又以公（鎭海）舊部及降虜千人爲貴赤，命公之孫莊家爲千戶，曾孫也里卜花爲百戶。」（中州文表卷二二）又元史卷一五三明安傳有云：「至元十三年，世祖詔民之蕩析離居，及僧道漏籍諸色人不當差徭萬餘人充貴赤，命明安領之。」皆其證也。

極明瞭之衛名軍名，竟誤解爲部族名或國名，而加入色目之中；輟耕錄之疏陋，亦可驚矣。然亦非無辯解之餘地。蓋此衛名，自元史百官志兵志始，多數紀傳中，概與上冠唐兀、欽察、阿速、等西方部族名之諸衛，相並記述。編者所見之資料，當亦略同。故編者未深注意，而誤解爲色目部族之名耳。例如兵志隆鎭衛條云：「至大四年改千戶所爲萬戶府，分欽察，唐兀，貴赤，西域，左右阿速諸衛軍三千人。……」又云：「仁宗皇慶元年十一月樞密院臣言，皇太后有旨，禁掖門可嚴守衛，臣等議，增置百戶一員，及於欽察貴赤西域唐兀阿速等衞，調軍士九拾人，增守諸掖門……」（卷九九）皆是。然食貨志歲賜條，則與服事宮廷之昔寶赤必闍赤等相並而記貴赤之歲賜事。由此觀之，知貴赤卽貴由赤，有快走者健脚者之意。其初殆選擇有此種特技之兵士，使服特別之任者。及經過若干年月，其內容已有若干變化，但尙爲親軍之一，而受朝廷之優遇焉。

所謂禿魯花者，元史卷一五世祖紀云：「至元二十六年十二月庚寅，禿魯花之地饑，給九十日糧。」觀此，雖有名爲禿魯花之地名或部族名，但欲比定爲色目之一種，則理由仍太薄弱，無庸多言。此明係禿魯花軍，而疑爲與唐兀軍欽察軍等相同，誤解爲禿魯花部族之軍者。兵志敍語，述元代軍隊之種類之條云：「或取諸侯之子弟充軍，曰質子軍，又曰禿魯華軍。」兵志條云：「中統四年二月，詔統軍司及管軍萬戶千戶等，可遵太祖之制，令各官以子弟入朝，充禿魯花。其制萬戶禿魯花一名，馬一十匹，牛二具，種田人四名。千戶見管軍五百或五百以上者，禿魯花一名，馬六匹，牛一具，種田人二名，雖所管軍不及五百，其家富強子弟健壯者，亦出禿魯花一名，馬匹牛具種田人同……」據此可知其一班矣。禿魯花又作禿魯華，其爲蒙古何語之對音未詳，或與有「捕獲」「奪」「取戰利品」之意之蒙古語 togholikhu 有關係歟？仍待考。

右列色目中，凡他處有所見者，概可知其部族或國之所在。唯有當一言者，卽阿兒渾也。阿兒渾之名，見於元史者如左：

至元二十三年十一月丁丑，命塔叉兒忽難，使阿兒渾。（卷一四世祖紀）

至元六年五月辛未，降鈔萬錠給守衛宮闕內外門禁唐兀、左右阿速、貴赤、阿兒渾、欽察等衛軍。（卷四十順帝紀）

卽阿兒渾爲地方名又爲國名；同時又與唐兀、阿速、欽察等，同爲親軍諸衛之一也。阿兒渾究在何地乎？元史之記載，有足以答此問題者，如左：

王結，字儀伯，易州定興人。祖逖勤，以質子軍從太祖西征，娶阿魯渾氏。自西域徙戍秦隴，又徙中山家焉。（卷一七八本傳）

徹里帖木兒，阿魯溫氏。祖父累立戰功，爲西域大族。（卷一四二本傳）

脫力世官，畏吾人也。祖八思忽都探花愛忽赤（探花愛忽赤，蓋稱號）。國初領畏吾阿剌溫滅乞里、八思四部，以兵從攻四川，歿於軍。父帖哥朮探花愛忽赤，憲宗命長渴密里（Khamil 今哈密）及曲先（Kusan 今庫車）諸宗蕃之地。（卷一三三本傳）

薛塔剌海，燕人也。……從（從太祖）征回回、河西（西夏）、欽察、畏吾兒、康里、乃蠻、阿魯虎、忽纏（Khojend之對音）帖里麻（Termed 之對音）賽蘭（Osairam 之對音）諸國，俱以礮立功。（卷一五一本傳）

右阿魯渾阿魯虎阿魯温，阿剌温，由其字面上及近鄰諸部之關係察之，知爲同一地名之對音，毫無可疑。然當比定今之何地乎？因記載不備，西史又無所見，不易臆測。但爲畏吾兒鄰近西域之地，則不難推測。恐卽今之中央亞細亞之一部，在當時所謂回回及 Sart-aghul 之內。

輟耕錄所舉屬於色目氏族者，皆中國西方諸民族也。而北方則包含乃蠻禿八，哈剌魯。中部則含雍古歹唐兀，甘木魯，畏吾兒。南方則含禿伯歹，乞失迷兒。西方則遙含阿速，欽察，康里。如是則太宗時已入蒙古帝國版圖之斡羅思，亦不可不數爲色目之一。斡羅思（Oros）祕史作斡嚕速惕（Orus之複數 Orusut），元史中，斡羅思之外，有阿羅思（Aros）兀魯思（Urus）等異譯，皆爲 Rus或Ros之對音。日本今稱爲露西亞，但蒙古語亦如日本古語，無以R音開始之語，故上加母音而呼之也。元代斡羅思人居住中國方面者頗多。元史云：

至順二年九月丙子，阿速及斡羅思新戍邊者，命遼陽行省，給其牛具糧食。（卷三五文宗紀）

至順三年正月己亥，給斡羅思千人衣糧……七月甲申，燕鐵木兒獻斡羅思二千五百人。（卷三六文宗紀）

觀此，可以想見其一斑矣。彼等與欽察，阿速，康里等諸部族，同爲親軍之一部。至順元年五月，曾因統斡羅思軍士，立宣忠扈衞親軍都萬戶府。翌年四月，改爲宣忠斡羅思扈衞親軍都指揮使司。要之輟耕錄列欽察，阿速，康里，於色目之中而不言斡羅思者，實編者之粗忽也。此外如不耳阿耳（Bulghar）雖亦當入色目中，但其部族之民無永住於中國之形跡，故無論述之必要。

稱爲色目之部族之範圍，如上所述已明。又其旁證之有力者，爲元史列傳之排列法。淸儒錢大昕，已於所著養新錄中道破之矣。玆錄其全文如左：

趙世延，楊朵兒只，皆色目。列傳第五卷至三十二卷，皆蒙古色目人。第二十三卷至七十五卷，皆漢人南人也。趙世延，雍古部人，卽按竺邇之孫，蓋色目人也。而與漢人同列，誤矣。楊朵兒只，西夏人。方時稱夏人爲唐兀氏，唐兀亦色目三十一種之一。其人各自有姓。如李恆，高智耀，來阿八赤，皆列於色目；則朵兒只亦當爲色目人矣。耶律，石抹，完顏，粘合，烏古論，皆遼金舊族。元時謂之漢人。漢人有官至宰執者，而南人不得入臺省。順帝時稍用南人，而入參政者僅危素一人耳。漢人南人之分，以宋金疆域爲斷。江浙，湖廣，江西三行省爲南人。河南省爲江北，淮南，諸路爲南人。（卷九）

元史列傳，最初四卷爲宗室，最後二十二卷，爲儒學，良吏，忠義，孝友，隱逸，列女，釋老，方技，宦者，姦臣，叛臣，逆臣，外國，等十三傳。其餘七十一卷，不依此分類之傳，實如錢氏之言，前二十八卷爲屬於蒙古色目兩氏族者。後四十三卷爲屬於漢人者。以此與輟耕錄之三氏族配當表參照，殆不見何等抵觸，且足以互相發明者頗多。而邵遠平不知編元史者之意，故對於自著之元史類編，妄自贊美而貶斥元史之特長曰：「元史本文既不分類，又不依時，先後倒置，不得其解」云云，殊可惜也。

（三） 漢人八種

輟耕錄漢人之下，列中國人以外之部族八種，如左：

契丹 高麗 女直 竹因歹 朮里闊歹 竹溫 竹亦歹 渤海女直同

錢大昕養新錄（卷九）亦題爲漢人八種而轉載之。且曰，「遼金元三史，唯見契丹，女直，高麗，渤海四國，餘未詳。考元史鎮海傳，從攻塔塔兒，欽察，唐兀，只温，契丹，女直，河西諸國，只温蓋即竹温之轉歟？」此只由字音上推測，而無何等傍證；即使果當而其部族根據地及種類既不明，則此推測可謂全無價值。但竹因歹以下四種，其名稱頗奇；而無考證實爲遺憾。然就此亦可略推所謂漢人之範圍矣。故在吾人研究上，亦無大障礙也。契丹即指遼，[illegible]所謂契丹，爲居住東蒙古之人；據後文所述自明。決不可從蒙古人呼中國北部之金人爲 Kitan，Kitat，呼東蒙古之契丹人爲 Khara-kitan，Khara-kitat 之例解之。高麗，女直，渤海，亦然無庸別加解說。此等部族所以總稱於漢人名下者，參照元史列傳之編次法，自易首肯。但編輟耕錄者，在漢人中不舉漢人，殊屬非是。且如後文所述，在漢人中嚴密言之，亦有二種。曾在金人治下之中國人曰漢人，在宋朝治下之中國人曰南人，待遇上顯有差別。由此等情形言之，當改漢人八種爲漢人十種。又竹因歹等四種，果爲部族之名否？亦不能無疑。故吾人當以所謂漢人，爲漢人，南人，契丹，高麗，女直，渤海，六種，而研究之。

三　三階級之差別——事實

繙閱元史到處皆能發見國家對此三階級待遇不同之事實。卽蒙古人享有一切公權；色目人次之，亦受優遇；至於漢人則置於最劣等之地位。使人不能不疑其必加極甚之壓迫也。元史曰，「官有常職，位有常員，其長則蒙古人爲之，而漢人南人貳焉。」（卷八五百官志敍語）又曰：「故事丞相必用蒙古勳臣。」（卷二五仁宗紀）又曰：「平章之職，亞宰相也。承平之時，雖德望漢人，抑而不與。」（卷一八六成遵傳）又曰：「故事臺端（御史台長官御史大夫）非國姓不以授。」（卷一四〇太平傳）又曰：「各道廉訪司，必擇蒙古人爲使，或闕，則以色目世官子孫爲之，其次參以色目漢人。」（卷一九成宗紀）又曰：「故事漢人，不得與軍政。」（卷一八四王克敏傳）又曰：「罷諸路女直漢人，（皆廣義之漢人）爲達魯花赤者。回回，畏兀，乃蠻，唐兀，（皆色目人）仍舊。」（卷六世祖紀）又曰：「舊制樞府官（樞密院官）從行，（從行車駕）歲留一員司本院事。漢人不得與。」（卷一五四鄭志宜傳）又曰：「至正十一年丞相脫脫奏事內廷，以事關兵機，而元善及參知政事韓鏞皆漢人，使退避勿與俱。」（卷一八四韓元善傳）又曰：「至大二年甲戌，以宿衛之士，比多冗雜。遵舊制，存蒙古色目之有閥閱者，餘皆革去。」（卷二三武宗紀）皆其實例也。中國人

色目人	畏吾兒人	帖木兒補花（文宗天曆二年）
	回回人	倒剌沙（泰定帝即位之年）
	欽察人	撒敦（順帝即位之年）
	康里人	鐵木兒塔識（順帝至正七年）
	同	哈麻（順帝至正十五年）
	畏吾兒人	擴廓帖木兒（順帝至正二十年）
	康里人	慶童（順帝至正二十年）
漢人	契丹人	耶律鑄（世祖中統二年、至元五年、十九年）
	漢人	賀勝（武宗至大三年）
	同	賀惟一（順帝至正七年）

（註一）元史卷一五鎮海傳明記爲蒙古之怯烈台氏。許有任撰元故右丞相怯烈公神道碑銘，亦云：「丞相名鎮海，即稱海，系出怯烈氏，或日本田姓，至朔方始氏怯烈，曰實怯烈族，時同名者三，因圡屯田，故加田別之。」然黑韃事略，謂彼非蒙古人

而回回人也。又據 D'Ohsson 蒙古史爲畏吾兒人；蓋根據拉施特集史者。(D'Ohsson, Histoire des Mongols, II 189.) 但元人記錄中稱畏吾兒爲回回者亦不少。故黑韃事略中之回回，卽視爲畏吾兒，亦無妨也。

(註二)太宗時彭大雅徐霆二人，出使漠北，後合著黑韃事略一書。徐霆云：「移剌(耶律楚材)及鎭海，自號中書相公，總理國事。鎭海不止理回回也。韃人無相之稱，只稱之曰必徹徹。必徹徹者，漢語令史也，使之主行文書爾。」必徹徹與元史之必闍赤同。蒙古語 bichikchi 之對音也。

右丞相中，有多數曾爲左丞相者；表中略之，只記各人之極位。此外有康里人不忽木，畏吾兒人孟速思，世祖皆曾任命爲丞相；二人固辭不受。若亦加入，則爲十八人。據元史卷一一二宰相年表，自中統元年至元末，左右丞相凡五十七人。此年表頗涉杜撰，故其數不能謂爲精確。假使認爲近於實數，則元代丞相中，其三分一乃至四分一爲蒙古人以外之色目人或漢人也。若觀元史(卷二五—一二六)仁宗紀「延佑元年二月以合散爲中書右丞相，九月爲左丞相，四年六月爲右丞相，九月，合散言故事丞相必用蒙古勳臣，合散回回人，不厭人望，遂懇辭，制以伯答沙爲中書右丞相，合散爲左丞相」(摘錄)等語，則將誤解爲色目人爲丞相者極稀；(趙翼卽有此誤解，後人又承襲之，己如前述。）實決不然。色目人爲丞相者，前後實達十一人。觀前表自明。漢人爲此最高官銜之長官者，原屬極少；猶有四人。可知世祖之定制固非絕對不動者，時亦有特別任用之餘地。

中書令者，世祖以後有名無實之官也。在事實上丞相實爲中書省之長官，既如前述。丞相之次有平章政事，右丞，左丞，參知政事四官，與丞相同稱爲宰相宰輔宰執（註一）且常有與丞相同參樞機之資格。平章政事亦稱「貳宰相」又稱「亞宰相」。雖云「承平之時，雖德望漢人，抑而不與」（元史卷一八六成遵傳）但據元史，色目人漢人之任此官者，各不下二十八。至右丞左丞參知政事，任用色目人漢人愈多。尤以右丞較左丞，左丞較參知政事，地位稍下，故漢人益多，色目人益稀。要之色目人固不必言，雖屬漢人，在中書省要路者亦甚多，實出吾人之意外也。（註二）

（2）樞密院　長官名稱無定。樞密院使，世祖中統年間似已置之。樞密院使與中書令，同爲皇太子之兼任，或只虛名，實以樞密院副使總院事。至元七年於副使之上，加置同知樞密院事，以爲長官。二十八年，更於其上置知樞密院事以爲長官。爾後遂以知樞密院事（知院）爲長官，而同知樞密院事（同知）樞密院副使（副使）等次之。（註三）關於院之官制，解釋如上。徵於元史之記載，色目人漢人爲院之長官者如左：

色目人
- 回回人　馬某沙（泰定帝卽位之年知樞密院事）
- 畏吾兒人　帖木兒補化（文宗天歷元年知樞密院事）
- 同　擴廓帖木兒（順帝至正二十五年知樞密院事）
- 唐兀人　亦憐眞班（順帝至正年間知樞密院事）

漢人
- 漢人　趙璧（世祖至元元年、四年、樞密院副使）
- 同　史天澤（世祖至元三年樞密院副使）

（註一）元史卷一一二宰相年表，曾將元初以來之中書令右左丞相平章政事右左丞參知政事，（略稱參政）順年代擧之。元史卷一五八竇默傳王文統爲平章政事時，默面斥之曰：「此人學術不正，久居相位，必禍天下」云。又地方行中書省之平章政事，亦稱宰相。元史卷二〇四宦者傳，武宗卽位之初，任宦者李邦寧爲江浙行省平章政事。邦寧辭曰：「陛下復欲置臣宰輔，臣何敢當。宰輔者佐天子共治天下者也，奈何辱以寺人。陛下縱不臣惜，如天下後世何？誠不敢奉詔」。蓋行省之參知政事以上，亦稱宰相，宰輔，宰執也。

（註二）趙翼二十二史劄記卷三十，「元制百官皆蒙古人爲之長」條，謂世祖以後非蒙古人而爲丞相者，僅史天澤哈散賀惟一三人，而哈散爲回回人，故漢人僅二人耳云云。其實色目人有十二人，漢人有四人，已如前述。故趙氏之失檢，不可謂不甚矣。趙氏又謂漢人任平章政事者，王文統李孟二人，若舉以爲例則可；不然，亦大失檢；蓋至少亦有二十人也。又關於右丞左丞，所言亦不免失當。卽如「先有右丞二員而無左，後以崔彧言，始設左丞，故漢人亦得居之。如趙世延本雍古族，延祐元年，省臣奏參政用儒者，世延其人也。帝曰，世延雍古氏，非漢人，其署宜居右，可見漢人不得居右」云云：按（一）左右丞之沿革，見於百官志。自始卽有左右二丞，無可疑也。百官志謂中統二年創置者，實爲元年之誤。世祖紀，中統元年條云：「四月戊戌朔，立中書省，以王文統爲平章政事，張文謙爲左丞。」又「八月已酉，立秦蜀行中書省，以京兆等路宣撫使廉希憲爲中書省右丞，行省事，」皆可證趙說之誤。宰相年表記載亦同。又崔彧傳，（元史卷一七三）至元二十年彧爲刑部尚書，上疏言十八事。其第十五云：「中書省右丞二，而左丞相宜改所增右丞置諸左，」趙氏當亦誤解。此文文義雖頗不明；但十九年阿合馬被殺時，中書左丞郝楨亦被殺，而同爲中書左丞之耿仁被免。此種事實，世祖紀，阿合馬傳，百官志，皆有徵證。可知非依崔彧之說始置左丞者。又中統元年四月，張文謙已爲左丞，二年六月，張啟元已爲右丞，亦非因置左丞漢人始得爲丞者。趙氏又誤解趙世延傳之文；傳曰：「延祐元年省臣奏，比奉詔漢人參政用儒者，趙世延其人也。帝曰，世延誠可用，然雍古氏非漢人，其署宜居右，遂拜中書參知政事，居中書二十月，遷御史中丞。……泰定四年遷中書右丞。……天曆二年八月拜中書平章政事。」參政者，參知政事之略稱也。所謂「其署宜居右」者卽使居右參政之首席之意，非任中書右丞也。

（註三）元史百官志，「世祖中統四年置樞密副使二員，僉書樞密事一員。……」以下只記沿革，未曾言及樞密使。但樞密院長官之有樞密院使，元典章卷七職品條有明證。且元史卷一四世祖紀云：「至元二十三年，秋七月癸巳，銓定省院臺部官，詔諭中外。中書省，除中書令外，左右丞相並一員。……樞密院，除樞密院使外，同知樞密院事一員，樞密院副使，簽樞密院事並二員，樞密院判一員。御史台，御史大夫一員。……」則樞密院長官中有樞密院使，已無待言。其地位與中書省之中書令同，亦皇太子之兼任。在此官制改革之前後，實際之長官，當爲同知樞密院事。又元史卷一七八王約傳云：「明年（至大三年）進太子副詹事。約抗章諫節飲，辭意懇切。仁宗（皇太子）嘉納焉。承制立左衞率府，統侍衞軍萬人。同列欲署軍官，約持不可。衆難之曰，東宮非樞密使耶？約曰，詹事東宮官也，預樞密事可乎？仁宗召問，約對曰，皇太子事，不敢不爲；天子事不敢爲。仁宗悟，竟罷議。」可知皇太子之爲樞密院使，雖屬事實；但實際不用其職權。元史關於樞密院使之拜罷，無一記載者，蓋根據上述之理由也。

（3）御史臺　長官曰御史大夫。檢索元史，結果如左：

色目人	康里人	阿沙不花（武宗之世）
	同	脫脫（英宗之世）
	回回人	馬某沙（泰定帝卽位之年）
	同	倒剌沙（泰定二年）
	畏吾兒人	帖木兒補化（文宗天曆二年）
	唐兀人	亦憐眞班（順帝至正六年）
	同	高納麟（順帝至正七年）
	康里人	雪雪（順帝至正十五年）
漢人	漢人	賀惟一（順帝至正六年）

卽色目人達八人，漢人僅一人耳。而賀惟一之拜御史大夫也，以「故事臺端非國姓不以授」之故而辭職，順帝特賜以姓，改其名曰太平，使不違所謂故事，始授之。漢人之任此官者，通元代果否只此一人，原不可知；但賀惟一之任命實爲例外，據此亦可知矣。

，據上所述中書省樞密院御史台之長官，登用色目人頗多，原爲漢人之所遠不能及；但亦非絕無漢人，是不可以不注意。且前記之員數，乃專據元史者；且又不無遺漏，因而色目人漢人爲省院臺長官者之實數，必較前記之數爲多，決無減少。願讀者終始勿忘此點。

（b）親軍都指揮使

吾人曩作元朝怯薛考，考察元代兵制之大略，曾分元代軍隊爲內外二部。內爲宿衛諸軍，外爲鎮戍諸軍。宿衛諸軍中，分怯薛及各衛二軍。前者之長稱怯薛長，直隸於天子。後者之長，稱親軍都指揮使；與鎮戍諸軍，同屬樞密院。怯薛與各衛，雖同爲親軍；但怯薛以護衛天子身邊爲最大任務，實親軍中之親軍也。怯薛長，自太祖創業時，皆以元勳之子孫任之。各衛，則以皇城，京師，近畿之護衛，防戍，營繕，屯田等爲重大任務。其長官親軍都指揮使，除蒙古人外，色目人固不待言，即漢人之得此任者亦不少。（註一）今依前例，檢索元史，示其實例如左：

色目人（二十三人，內重出一人）

欽察衛

康里人　也速台兒（至元二十三年）
欽察人　土土哈（大德元年）
武衛
康里人　斡羅思（武宗初）
回回人　伯帖木兒（武宗至大年間）
廣武康里侍衛
康里人　阿沙不花（武宗至大元年）
後衛
阿速人　伯答兒（世祖至元十五年）
同　　　福定（武宗至大四年以後）
左衛
欽察人　牀兀兒（大德元年？）

左阿速衞
阿速人　口兒吉（武宗至大元年）
同　的迷的兒（武宗至大四年）
同　香山（文宗天曆元年）
右阿速衞
阿速人　那海（武宗至大二年）
同　都丹（至大四年）
隆鎭衞
阿速人　斡羅思（文宗天曆元年）
唐兀衞
唐兀人　暗伯（世祖至元二十六年？）
同　亦憐眞班（英宗至治二年）

宣宗斡羅思扈衛

唐兀人　亦憐眞班（順帝至正七年？）

中衛

康里人　明安（世祖至元二十年）

同　帖哥台（明安之子）

同　孛蘭奚（帖哥台之弟）

同　桑兀孫（孛蘭奚之子）

同　乞答海（桑兀孫之弟）

西域衛

畏吾兒人？　迷而的斤（成宗元貞元年）

漢人（十九人、內重出一人）

虎賁（衛）

賀仁傑（世祖至元十八年）
賀勝（成宗大德九年）
賀惟一（賀勝之子）

後衛

李庭（成宗大德六七年頃）
李大誠（李庭之子）
史煥（成宗大德年間？）

中衛

王庭（世祖至元年間）

武衛

李伯祐（世祖中統年間）
董文炳（同上）

段天祐（至元二十六年）
鄭阿兒思蘭（成宗至大年間）
王伯勝（英宗至治二年）
馬兒（王伯勝之子）

忠翊侍衛

石居謙（成宗大德年間）

侍衛

呂文煥（世祖至元十年）

左衛

王通（世祖至元十五年？）

右衛

耶律驢馬（世祖至元年間）

前衛

董士選（至元十三年？）

屯儲衛

王通（武宗？）

（C）達魯花赤

達魯花赤，秘史作答魯合臣 darughachin。蒙古語有壓及束縛之意之 darukhu，變其語尾，加 nomina agentis 之 chi，而成壓之人，束縛之人之意，轉而爲總督知事等意。趙翼二十二史劄記卷二九蒙古官名條云：「達魯花赤掌印辦事之長官。不論職之文武大小，或路，或府，或州縣，皆設此官」云。但達魯花赤之如是廣設者，乃世祖以後之事；太祖太宗時則不然。黑達事略云：「管民則曰達魯花赤，」是專掌民政也。而其管轄區域則常廣汎。太祖時，札八兒授「黃河以北、鐵門以南、天下都達魯花赤。」（元史一二〇本傳）耶律綿思哥授「中都路也可（也可者大也）達魯花赤。」（同上一五〇耶律阿海傳）太宗十三年，石抹也先爲「眞定北京兩路達魯花赤。」（同上本傳）皆其例也。

(註) Kowalewski, Dictionnaire Mongol-russe-française, p. 1671, 1672. 記有蒙古語 daroukhou 及 darugha。前者爲動詞；後者爲名詞。前者有壓緊束追究擠克印刷封印等意。後者有長官知事委員監察官等意。Ed Chavannes 氏云 'Les darougha sont les fonction-naires qui scellent, C'est-a-dire qui ont un sceau' embleme de leur autorite,—Dans la transcription Chinoise, on remarque la syllabe finale tche(赤) qui represente la termnaison tchi (齊) au moyen de laquelle on forme en Mongol les noms de charges, emplois et metiers (Cf. Soulie, Grammaire mongole, p. 21); icicependent cette syllabe est une superfetation puisque le mot mongol est darougha, et non daroughatchi.' (T'oung Pao, 1994,p. 389. note) 謂 darougha 爲達魯花赤之達魯花對音。且謂譯 nomagent 之 tchi 之赤字，完全無用。然此中亦不無若干疑義：蓋蒙文元朝祕史亦作答嚕合臣，而非答嚕合故也。因而達魯花赤，或答嚕合臣，非於 darougha 中加 tchi 者；殆變 daroukhou 動詞之語尾而加 tchi 者。但祕史中，答嚕合臣之複數，用答嚕合思；爲 daroughas 之對音，而非 darougha 之複數也。仍待考。

趙氏謂達魯花赤爲掌印辦事之長官，頗爲確當。關於掌印事，元典章卷一三有二三規定。又元史卷一六九賀仁傑傳，亦有能說明此官之性質者曰：「至元十八年，……尙書省立。桑哥用事奏上都留守司錢穀多失實召留守忽剌忽耳及仁傑廷辯。仁傑曰臣漢人，不能禁吏戢姦，致錢穀耗傷臣之罪。忽剌忽耳曰臣爲長，印在臣手，事未有不關白而能行者，臣之罪。帝曰以爵讓人者有之，未有爭引咎歸己者。置勿問。」仁傑於十七年任上都留守司之留守。而由文意察之，忽剌忽耳明爲蒙古人，留守司之達魯花赤也。按官制，大都上都兩京之留守司，有達魯花赤及留守，皆正二品。品級雖無上下之別，但以達魯花赤爲長官，留守乃次官也。又負責任者爲達魯花赤，總實務者爲留守。由兩人所言觀之，殆無庸疑。關於達魯花赤，當考究者甚多；茲從省略。

達魯花赤，又非一切官衙皆置之官。今據元史百官志等，考其分布之一斑，如左：

（一）　高級官衙不置之。如中書省，行中書省（長官丞相）樞密院，行樞密院（院使，後爲知院）御史臺，行御史臺（御史大夫）及屬於中書省之六部。（吏、戶、禮、兵、刑、工六部，長官爲尙書）及其他獨立之高級官衙，如大宗正府（札魯忽赤）宣政院，（院使）大禧宗禋院，（院使）大司農司，（大司農）翰林國史院，（承旨）典瑞院，（院使）太醫院（院使）侍正府（侍正）中政院，（院使）蒙古翰林院，（承旨）集賢院，（院使）崇福司，（司使）宣徽院，（院使）大史院，（院使）等皆不置達魯花赤。但屬於上列諸官衙之局課，則有置之者。例如（甲）屬於中書省戶部之寶鈔總庫，有達魯花赤一員，從五品；大使一員，從五品。印造寶鈔庫，有達魯花赤一員，正七品；大使二員，從七品。燒鈔東西二庫，各有達魯花赤一員，正八品；大使一員，從八品。而其他局課，則不置之。戶部以外諸部，亦同。（乙）樞密院所屬諸衛親軍都指揮使司，常例雖以都指揮使爲其長官，但阿速，貴赤，西域，欽察，四衛，則於都指揮使之上，置達魯花赤。其職品與都指揮使同，爲正三品。（丙）屬御史臺諸官衙，全不置之。

（二） 宣慰司，宣撫司，招討司，安撫司，四司中，惟宣慰司無之。其他三司皆有。

（三） 同格之官衙，一方無而一方有者甚多。例如掌東宮之事之詹事院所屬官衙中，如典醫監，典牧監，典寶監三者，其官制雖全相同，但惟典醫監以達魯花赤爲長官。

（四） 地方行政官衙，（卽諸路總管府，府，州，縣，）及地方軍衙（卽萬戶府，千戶所）等，必置達魯花赤。又投下（卽諸王駙馬功臣等之分地）亦必置之。

此上各種達魯花赤中，直接與國民之大多數相接觸，而與之有緊密關係者，爲地方軍民官衙及投下之達魯花赤。茲將其地位品級等，記述於左，然後再考察其與色目人漢人之關係。

1 地方民衙　掌地方民政官衙中之最重要者，爲諸路總管府。其下有府州縣三官衙。路州縣中，各依其管戶之多少，分上下路，上中下州縣等。路之官衙曰總管府，府州縣無特別之名稱。今據元史卷九一百官志及元典章卷七職品條，將各官衙之職員品級，列表如左：

路
- 達魯花赤一員、總管一員——（上路）正三品（下路）從三品
- 同知一員——（上路）從四品——（下路）正五品
- 治中一員——（上下路）正五品
- 判官一員——（上下路）正六品

府
- 達魯花赤一員、知府或府尹一員——正四品

同　知一員——從五品（以下略）

州
- 達魯花赤　一員 ｝（上州）從四品（中州）正五品（下州）從五品
- 州尹或知州一員 ｝
- 同　知一員——（上州）正六品（中州）從六品（下州）正七品（以下略）

縣
- 達魯花赤　一員 ｝（上縣）從六品（中縣）正七品（下縣）從七品
- 縣尹或知縣一員 ｝
- 丞——（上縣）正八品（以下略）

元史世祖紀云：

至元二年二月甲子，以蒙古人充各路達魯花赤，漢人充總管，回回人充同知，永爲定制。（卷六）

……（a）

至元五年三月丁丑，罷諸路女直，契丹，漢人爲達魯花赤者。回回，畏兀，乃蠻，唐兀人，仍舊。（卷六）

……（b）

至元十六年九月，議罷漢人之達魯花赤者。（卷一〇）……（c）

b條之回回，畏兀，乃蠻，唐兀人與a條之回回人同，皆色目人也。又b條之女直，契丹，漢人，與ac二條之漢人同。據a條，達魯花赤，限於蒙古人。據b條至元五年以前，漢人有任此職者。據c條，則知至元十六年以前所謂定制，未曾厲行，而有若干例外。總管及同知亦同，回回人爲總管，漢人爲同知者甚多；當爲讀元史者所能首肯。今將色目人漢人之爲各路總管府之達魯花赤者，檢出列左：

（註）府州縣之達魯花赤，因太繁，從略。

色目人二十八（僅舉其國名與人數）

畏吾兒	五	乞失迷兒	一
哈剌魯	一	康里	一
欽察	二	回回	五
唐兀	四	乃蠻	一

漢人十二人（只就至元以後舉之）

（人名）	（就任年次）	（路名）
史　弼	至元十三年	揚州路
張　炤	同	同
張庭珍	同（？）	平江路
張君佐	至元十四年	黃州路
趙眞亨	同	處州路
張雄飛	同	澧州路
張　禧	同	江陰路
邱　琮	同（？）	郴州路
張　鼎	至元十五年以前	鄂州路
馬　恕	至元十六年以前	常州路
張　炤（重出）	至元十六年	鎭江路

劉好禮	至元二十二年以前	永熙路
賀勝	至大三年（？）	上都路

以上只據元史記之，且未必無遺漏；故其員數決非絕對精確者。設據此表考之，知至元十六年九月之禁令，略能實行。爾後漢人爲達魯花赤者，唯賀勝一人；而色目人則依然用爲達魯花赤。故知右列之禁令，惟限於漢人耳。又考元史色目人爲總管府達魯花赤者二十八中，半數以上爲至元十七年以後所任命。蓋自是年以後，排斥漢人而代以色目人也。

2 地方軍銜　掌管地方軍事官銜中之尤重要者，爲萬戶府，千戶所，百戶所。今據元史卷九一百官志及元典章卷九吏部軍官條，將至元二十一年八月所定之職員品級列表如左：

上萬戶府	達魯花赤一員	正三品	虎符
	萬戶一員		
	副萬戶一員	從三品	虎符

- 萬戶府
  - 中萬戶府
    - 達魯花赤一員、萬戶一員——從三品　虎符
    - 副萬戶一員——正四品　虎符
  - 下萬戶府
    - 達魯花赤一員、萬戶一員——從三品　虎符
    - 副萬戶一員——從四品　金牌
- 千戶所
  - 上千戶所
    - 達魯花赤一員、千戶一員——從四品　金牌
    - 副千戶一員——正五品　金牌
  - 中千戶所
    - 達魯花赤一員、千戶一員——正五品　金牌
    - 副千戶一員——從五品　金牌

下千戶所
- 達魯花赤一員 } 從五品　金牌
- 千　戶一員 }
- 副千戶一員—正六品　銀牌

百戶所
- 上百戶所
  - 蒙古百戶一員 } 從六品　銀牌
  - 漢人百戶一員 }
- 下百戶所—百　戶一員—從七品　銀牌

元代設萬戶府頗多。如左右翼屯田萬戶府，回回砲手軍匠萬戶府等，屬樞密院。脫思麻探馬赤軍萬戶府等，屬宣政院。海道運糧萬戶府，屬中政院。諸路萬戶府，諸路屯田萬戶府，屬行樞密院等。凡分四種。此等萬戶府，其長官有達魯花赤者不少；但又有只有萬戶以下者；非一定也。其職品似亦有若干差異，但無從詳察。姑據元典章所記，均假定如前表。再依前例，將蒙古人以外，在各種萬戶府爲達魯花赤者，據元史考之，大約如左：

色目人二十八

畏吾兒　三　雍　古　五　哈剌魯　四　康　里　二　欽　察　一

唐　兀　三　乃　蠻　二

漢人一人

賈禿堅不花（武宗卽位之年，金復州新附軍萬戶府達魯花赤）

漢人只一人，已甚顯著。蓋因達魯花赤之次官萬戶，概爲漢人，故達魯花赤，當略限於蒙古人及色目人也。世祖時代之萬戶，記載於元史者，約七十人。按各階級分之，蒙古人二十人，漢人五十人；而不見有色目人爲萬戶者。蓋萬戶專以漢人充之。達魯花赤，遇蒙古人缺員時，以色目人補充之也。

千戶所百戶所，事實上與萬戶府大致相同。因避繁冗，故省略之。

3 投下　投下者，諸王駙馬功臣等之分地也。太宗七年秋七月，以眞定民戶，奉爲太后湯沐邑；以中原諸州民戶分賜諸王貴戚時，依耶律楚材之奏，此等分地，止置諸王貴戚所自舉之達魯花赤；其地賦稅，則別由朝廷所置官吏徵之，年末頒賜於領主。此爲投下達魯花赤之始。

（註一）投下，指諸王駙馬功臣等之分地，原義未詳。投下與遼史之頭下，音義殆全相同。遼史卷三七地理志上京道條，有頭下軍州之目曰：「頭下軍州，皆諸王外戚大臣，及諸部從征俘掠，或置生口，各團集，建州縣以居之。橫帳諸王國舅公主，許創立州城；自餘不得建城郭。朝廷賜州縣額，其節度使朝廷命之。刺史以下，皆以本主部曲充焉。官位九品之下，及井邑商賈之家征稅各歸頭下；唯酒稅課納上京鹽鐵司。」其下並列舉徽、成、懿、渭、等十六州。而元史卷一一九木華黎之子孛魯傳云：「丙戌（太祖二十一年）夏，詔封功臣戶口為食邑，曰十投下，孛魯居其首。」卷一五二齊榮顯傳亦有十投下之語。又卷一二一畏答兒傳：太宗見畏答兒之子忙哥之封戶少，曰：「其增封為二萬戶，與十功臣同為諸侯。」卷一二一博羅歡傳，亦有「諸侯王及十功臣」之語；可知十功臣與十投下同意。據祕史卷九，太祖創業時忽必來者勒蔑，者別，速別額台為四狗；孛斡兒出，木合黎，孛囉忽勒，赤剌溫為四駿；與主兒扯歹，忽亦勒答兒（元史畏答兒）為二先鋒；共十人。此十人之子孫之分地，曰十投下。又元史卷一二〇朮赤台傳曰：「朮赤台兀魯兀台氏……生子曰兀魯兀台，曰忙兀，與札剌兒，弘吉剌，亦乞列思等五人，當開業之先，協贊大業，厥後太祖即位，命其子孫各因其名為氏，號五投下。」前引博羅歡傳，亦有「忙兀，兀魯兀，札剌兒，弘吉剌，亦其烈五諸侯……」等語。蓋皇族外戚之分地，亦稱投下，觀下文所述自明。宜參看元典章卷一七，戶部籍冊條。

（註二）元史卷二太宗紀，卷一六耶律楚材傳。

投下達魯花赤，權限屢有變遷，似次第擴張者；然不可得其詳。至其選任上之規定，由至元五年，限於蒙古人；然猶有例外。元史卷八二選舉志曰：

凡諸王分地與受湯沐邑得自舉其人，以名聞朝廷，而後授其職。……至元五年詔，凡投下官，必須用蒙古人員。六年以隨路見任，并各投下搠差達魯花赤內，多女直，契丹，漢人。除回回，畏吾兒，乃蠻，唐兀同蒙古例，許敍用。其餘擬合革罷。曾歷仕者，於管民官內敍用。十九年詔，各投下長官，宜依例三年一次遷移。（參看元典章卷九，吏部投下達魯花赤遷轉條。）

然元史卷二一成宗紀則曰：

大德八年三月詔，諸王駙馬所分郡邑達魯花赤，惟用蒙古人三年依例遷代。其漢人，女直，契丹，名爲蒙古者皆罷之。

由此觀之，知至元五年之禁令，未曾厲行。又知漢人中有改其名爲蒙古式，而居其官者矣。而元典章卷九吏部投下達魯花赤條，錄有江浙行省劄文，足爲前引元史之補說。其文委曲詳盡，實堪寶貴。茲錄於左：

大德八年六月，江浙行省准中書省咨，（以下爲中書省咨文）大德八年三月十八日奏過事內一件。臺官人（御史臺之官吏）每，俺根底與文書，（以下爲御史臺之文書中語）各投下各枝兒分撥到的城子裏他每委付達魯花赤有一個月日未滿又重付一個來有。於內多（一年）是漢兒，（漢人）女眞，契丹，達達（蒙古）小名裏做達魯花赤有今後各投下各枝兒裏說知選揀蒙古人委付者。漢兒，女眞，契丹，達達小名裏做達魯花赤的，都合革罷了有。（以下又爲中書省咨文）麽道這般說有俺商量來今後諸王駙馬各投下各枝兒裏行與文書，他每分撥到城子裏委付達魯花赤呵選揀蒙古人委付者。如果無蒙古人呵，揀選有根脚的色目人委付者。三年滿呵，交他依大體例替換了。若三年不滿呵，不交重委付人呵。怎生，奏呵。奉聖旨，那般者，欽此。

（註）由元代公文書程式推之，此劄文之首似應有「皇帝聖旨裏」五字。結尾仍應加行省之語曰：「除欽遵外，都省咨請，行下合屬，仰照驗就行，欽依施行，須議劄付者，」等句。元代法令之用俗語體者，每令人不易索解；此處所以引用者，亦不得已耳。今據各種研究史學之雜誌，及鄙見解釋如下：「各投下各枝兒」之「各枝兒」三字，意義最難解釋。按元典章卷二二，有「枝兒頭目每根底」之語，爲「各頭目等」處之意。元史卷四五順帝紀云「請令江淮等處各枝官軍，分布連珠營寨於隘口，屯駐守禦，宜廣屯田，以足軍食。」又卷四七有「詔命陝西行省左丞相禿魯，總統張良弼脫列伯孔興各枝軍馬。……」

等語。前之「各枝，」爲「各地」或「各種」之意。後之「各枝，」爲「各人」或「各種」之意。故「各枝兒」三字，爲「各」「一切」「種種」等意。若果如是，則既言「各投下」又言「各枝兒」者乃重複語法也。「分撥到的城子裏」七字，若解作分撥之城子裏，意義殊不可通；似應解作「被分撥之城子裏」即被封之城分得之地之意。「一年」二字衍文。「交代」「不交」之「交」字似當作「使」字解。以上解釋，未知合否？尙乞大方指正。

譯者按原書除上註外，又於劄文之旁附註日本字母，以解釋其意。今據所註之意，再將前註所未及者，加以解釋如下：「臺官人每」即臺官人等之意。「俺根底」即我處之意。「俺根底與文書」即文書到我處之意。「他每」即他等。「重委付，」即重複委付之意。「又重委付一個來有」即「有又重委一個來者」之意。「漢兒女眞契丹達達（蒙古）小名裏做達魯花赤有」即「有漢人女眞人契丹人改用蒙古之小名蒙混而作達魯花赤者」之意。「麼道這般說有」即「云云等因奉此」之意。「怎生」即未知合否之意；亦即前清奏章之末加「是否有當」四字之意。「那般者，」即皇帝批云，「就照那樣辦」之意。

劄文大意，即云投下之達魯花赤，必用蒙古人。若蒙古人無適任者，得以有閥閱之色目人充之。而冒充蒙古名之漢人，作投下達魯花赤者，當物色而罷免之。而任期則必三年云云。但至大二年又有同樣訓令；可知前令之未易實行也。此等詐稱蒙古名之漢人，作投下達魯花赤而被罷免之實例，元典章同條亦載錄之。郎至大四年九月，有漢人常山兒，原爲大都路金玉局之匠人，改名「也先帖木耳」，受濟王（名朵列納）令旨，爲其分地濱州之達魯花赤。被山東廉訪司發見，經行御史臺御史臺請中書省指令，終罷免常山兒。此時又下訓令，凡有姓達魯花赤，一律革去。然而延祐三年，及至治二年，中書省皆下有同一目的之劄，違犯者永不得官吏。由此觀之，漢人改名，戴蒙古人假面而爲達魯花赤，豈易事耶？乃犯禁而任此官者，久不能絕；必因能知領主貴族之情之故。而領主之所以敢爲之者，蓋確信漢人爲最適任者故也。漢人被特別任用者既多，而以排斥漢人爲目的之法令，亦難實行，皆因此故。

以上所述官衙之外，其他重要官衙之長官，任用漢人者亦不少。例如各道肅政廉訪司長官廉訪使，宣徽院長官宣徽院使，中政院長官中政院使，崇祥院長官崇祥院使，宣慰司長官宣慰使，都元帥府長官都元帥等，其職品高則從一品，低亦爲正三品之大官，有若干漢人被任用之實例，亦不難發見也。至以蒙古人爲百官之長，雖爲有元一代之定制；但其特別任用之範圍與程度，實有出於讀者之意外者。即如前數表中，色目人漢人爲長官者之員數，不過只根據一部元史耳，且仍有若干遺漏。若反覆檢索使絕對無遺，必仍能增加若干。編纂元史之主要資料，有十三朝實錄，及其他無數記錄，文章，惜已亡佚。設吾人得而檢索之，或能增至二倍三倍，亦未可知。要之吾人所舉色目漢人爲長官者之員數，不過其最低限度耳。

（二）官吏之登用

元史卷八一選舉志敍語曰：

元初，太宗始得中原，輒用耶律楚材言，以科舉選士。……至仁宗延祐間，始斟酌舊制而行之。……然當時仕進有多歧，銓衡無定制。其出身於學校者，有國子監學；有蒙古字學，回回國學，有醫學，有陰陽學。其策名於薦舉者，有遺逸，有茂異，有求言，有進書，有童子。其出於宿衛勳臣之家者，待以不次。其用於宣徽中政之屬者，重爲內官。又廕敍有循常之格，而超擢有選用之科。……凡若此類，殆所謂吏道雜而多端者歟！……

可知元代官吏登用法，複雜多端，不勝枚舉。茲擇與本題有關係者，摘錄二三於左：

（a）怯薛

選舉志敍語所謂「其出於宿衞勳臣之家者，待以不次；其用於宣徽中政之屬者，重爲內官。」卽就由怯薛出身者而言也。「怯薛」者，蒙古語 Keshik 之對音，有恩惠寵愛幸福等意，轉而爲「蒙天子恩寵」者之意。於是用爲天子禁軍之名。而元史中用此者甚稀，普通皆用古來成語「宿衞」二字。蓋編元史者，對於怯薛軍隊之組織與任務，無明確之概念；故與與此有區別之所謂「親軍」及「侍衞」，倂稱爲宿衞。元史關於兵制記事，動誘讀者入於迷宮者，卽此故也。怯薛，原屬天子之親軍；但與元史所謂親軍，其間大有逕庭。前節親軍都指揮使條，已略述之矣。又怯薛中有四怯薛。其長官，則以太祖四功臣之後裔世襲其職。怯薛之兵稱怯薛歹，（Keshiktei）其定數一萬人。太祖創設怯薛時之選拔爲怯薛歹者，皆千戶百戶及白身者之子弟，體格強健技能卓越者。據太祖之勅，怯薛歹之地位，在千戶之上；世世皇帝，當寵遇怯薛歹爲帝室之福神云。歲賜怯薛歹之額，異常之大。常侍天子身邊，並分掌天子之飮食，衣服，文書，府庫，醫藥，卜祝等雜務，世襲其職。因而對於中國歷代宦官跋扈之禍，有防止於未發之功。但因過專殊寵，故怯薛歹之專斷與私曲亦漸甚。終至助長百年恩顧之主家覆滅之勢。已於元朝怯薛考中詳論之。玆不復贅。

入怯薛而爲怯薛歹者，果限於蒙古人乎？實決不然。檢索元史，其所謂「備怯薛」「入怯薛」「備宿衛」「入宿衛」，或爲「必闍赤」「火魯赤」「速古兒赤」等怯薛官，掌內廷事務者，色目人頗多，殆不勝枚舉。且漢人亦非少數。今據元史將太祖朝以來廣義之漢人，爲怯薛歹及怯薛官者，列舉如左：

太祖朝

粘合重山（女眞人，必闍赤）　耶律禿花（契丹人）　張拔都　劉敏　劉德寧（宗王斡眞之必闍赤）（按天子之怯薛外，仍有皇太子，皇子，諸王之怯薛，詳見元朝怯薛考）

太宗朝

石天麟　張榮實　張善（必闍赤）　楊維中

憲宗朝

劉世濟（必闍赤）　張庭珍（必闍赤）　張立道

世祖朝

耶律希亮（契丹人，速古兒赤）　移剌元臣（契丹人，必闍赤）　耶律驢馬（契丹人，必闍赤）　哈剌帖木兒（契丹人）　洪萬（高麗人）　王忱　賀祉　許扆　王伯勝　郝天挺　賀勝　謝孛完　吳元珪　董文用（世祖藩邸必闍赤）　高天錫（同上）　謁只里（世祖藩邸）　郝彬（裕宗之宿衛）　吳鼎（同上）　王壽（同上）

成宗朝

陳顥

仁宗朝

陳顥重出　郝佑　張景元　王結（仁宗藩邸）

以上凡三十五人，亦不可謂少矣。只世祖朝，卽有十六人，寧非意外乎？而彼等之爲怯薛官也，殆全爲必闍赤。蓋文書記錄之事，爲蒙古人之所短，而漢人之所長也。然怯薛爲侍於天子身邊者，故務必採用蒙古親臣。成宗大德七年二月，「汰諸色人冒充宿衛，」（元史卷二一成宗紀）可知色目人亦有被淘汰之事。但對色目人猶寬大，獨漢人則漸由宮中排斥之。元史曰：

至大二年六月甲戌，以宿衞之士比多冗雜，遵舊制，存蒙古色目之有閥閱者，餘皆革去。（卷二二武宗紀）至大四年四月壬寅詔分汰宿衞士漢人高麗南人冒入者，還其元籍。（卷二四武宗紀）

其後屢下此種禁令。終又下令曰：「諸漢人南人，投充宿衞士，總宿衞官（怯薛官）輒收納之，並坐罪。」（卷一〇二刑法志）故如右表，成宗以後，其數愈減。檢查元史至英宗以後，竟不見漢人爲怯薛官者。

（b）科舉

太宗滅金而取中原之後，中書令耶律楚材建議，以儒術選士。九年八月下詔，命斷事官朮忽解，山西東路課稅所長官劉中，巡回各地，以論經義詞賦三科中之一科或二三科考試，得採用漢人之名士。未幾因有反對者而中止。世祖至元之初，欲仿前代行科舉，亦不果。其後屢有此議，制度亦略定，有實行其一部者；但未能永續。漢人儒士雖有登用者，皆由長官薦舉。多數由刀筆吏出身。至仁宗皇慶二年十月中書省臣奏曰：「科舉事世祖裕宗累嘗命行，成宗武宗尋亦有旨，今不以聞，恐或有沮其事者。」而論科舉之急宜實行。仁宗嘉納之，十一月下詔，以明年八月行鄉試，以其次年二月會試於京師。合格者親自策問云。並對於科舉發表詳細之規定：（a）考試每三年舉行一次。（b）應會試之舉人年齡限二十五歲以上，品行學術皆優秀者。（c）考試科目。（d）合格者之採用標準等。翌年卽延祐元年二月，中書省發出詳細訓令，定明考試期日，考試官姓名，鄉試地點，舉人定額，應考者須知之事項等。是年八月二十日至二十六日，各府州縣秀才，在各省城應鄉試，合格者爲舉人。二年二月一日至五日，在京師應會試。合格者於三月七日在天子御前應所謂御試。（又名廷試）合格者，授以進士及第以下之稱號。今就此問題，稍加考察如左：

（一）考試科目　考試科目，蒙古人與色目人相同，漢人與南人相同。今假定前二者爲第一部，後二者爲第二部。其科目及程度之差異如左：

鄉試及會試

第一部（蒙古人、色目人）
- 第一場——經問五條（由大學論語孟子中庸內設問，用朱子章句集註。）
- 第二場——策一道（以時務出題，限五百字以上。）

第二部（漢人、南人）
- 第一場
  - 明經經疑二問（由大學論語孟子中庸內出題，並用朱氏章句集註，又以己意結之，限三百字以上。）
  - 經義一道（各治一經，詩尙書周易春秋禮記，限五百字以上。）
- 第二場——古賦詔誥章表內科一道（古賦詔誥用古體，章表四六參用古體。）
- 第三場——策一道（經史時務內出題，限一千字以上。）

御試
- 第一部——策一道（以時務出題，限五百字以上。）
- 第二部——策一道（經史時務內出題，限一千字以上。）

但至正元年，科目稍有變更。卽第一部第一場之經問五條改爲三條，別加經義一道。第二部第一場明經經疑二問改爲一問，經義一道改爲二道，第二場古賦詔誥章表內一道改爲二道，程度較前加高。

（二）發表成績　發表成績時「蒙古色目人作一榜，漢人南人作一榜，」故第一名，各榜各有一人。

（三）合格者資品

兩榜		
第一甲第一名	進士及第	從六品
第一甲第二名以下、第二甲全部	進士出身	正七品
第三甲全部	同進士出身	正八品

但此中亦有例外。（a）蒙古色目人應漢人南人科目之試合格者，授以高一級之資品。（b）元統元年度兩榜之優等者各三人，授進士及第之稱號。（c）在國子學卽大學出身者，不在此限。

（四）第一次科舉之成績　延祐元年八月行鄉試，蒙古色目漢人南人各選拔七十五人。二年二月在京師應會試。元史卷八一選舉志，詳記當時鄉試合格者（舉人）之員數，出身，階級，及地方別等，如左表：

		蒙古	色目	漢人	南人	合計
中書省直隸	大都	15	10	10	0	35
	上都	6	4	4	0	14
	眞定	5	5	11	0	21
	東平	5	4	9	0	18
宣慰司	河東	5	4	7	0	16
	山東	4	5	7	0	16
行省	河南	5	5	9	7	26
	陝西	5	3	5	0	13
	遼陽	5	2	2	0	9
	四川	1	3	5	0	9
	甘肅	3	2	2	0	7
	雲南	1	2	2	0	5
	嶺北	3	2	1	0	6
	征東	1	1	1	0	3
	江浙	5	10	0	28	43
	江西	3	6	0	22	31
	湖廣	3	7	0	18	28
	合計	75	75	75	75	300

據表中之數字，又可知蒙古人色目人分布之狀態。此等舉人最後之成績如左：

	蒙古	色目	漢人	南人	合計
鄉試合格者……	75	75	75	75	300
會試合格者……	25	25	25	25	100
御試合格者……	14?	14?	14?	14?	56

（註）至正二十六年三月，為元代最後之廷試。此次合格者，打破先例。第一甲授承直郎正六品，第二甲授承務郎從六品，第三甲授從士郎從七品。（元史卷九二百官志科目）

御試合格者，計五十六人。若與鄉試會試時相同，各階級平均分配，則蒙古人以下，應各有合格者十四人。惟此事完全無考，不無遺憾。茲有應注意者，選拔舉人時，蒙古色目二階級，各取七十五人。惟漢人中一部之南人，亦視為與第三階級之漢人同一階級，而得取中。結果，南人之定額實際為一百五十人。此為元廷待中國人之寬典，故中國人歡迎其科舉也。

國子學　國子學卽大學，茲因與科舉有關係，故略述之如下：元代大學，有國子學，蒙古國子學，回回國子學三種。後二者教授蒙古語及回回語，其卒業生，僅用為母校之教職員及官廳之翻譯官耳。眞正大學，只有授儒學蘊奧之國子學，而與本題有關者，亦只此大學。據元史選舉志，武宗至大四年閏七月，定國子學生員定額為二百人。十二月定試貢法。至仁宗延祐二年八月，增加生員定額為三百人，同時並改定試貢法。改定之目有三，一、陞齋等第，二、私試規矩，三、黜罰科條也。第三為生員成績不良違犯規則等之規定，茲從略。惟就前二者稍加說明。第一依生員之學力設齋（卽修學室）三等。學力優秀者由下齋陞中齋，由中齋至上齋。下齋教以小學，中齋教以四書，上齋教以詩書易春秋。第二為考試規則，所謂私試者，蓋學校內之考試，對於鄉試會試等公試而言者也。今表示私試規定之一斑如左：

私試

- 施行期　每年每季
- 科目
  - 漢人　每季孟月，試經疑一道，仲月試經義一道，季月試策問表章詔誥科一道。
  - 蒙古色目人　每季孟仲月，各試明經一道，季月試策問一道。
- 卒業標準　在齋三年以上　得點八分以上
- 卒業生定額
  - 漢人二十名
  - 蒙古色目人各十名
  - 合計四十名
- 卒業生資格　應貢會試

國子學，每年有卒業生四十名；而會試每三年施行一次；故國子學出身之應會試者，每次達一百二十名。經御試採用者，定例不過十八名耳。（蒙古人六名，色目人六名，漢人南人共六名。）國子學出身者，較普通舉人出身資品加一級。蒙古人從六品，色目人正七品，漢人從七品。皆授進士出身。

今根據元史作成元代進士表，以供讀者之參考。

廷試年月	舉人出身	國子學出身	蒙古色目人第一甲第一名	漢人南人第一甲第一名
延祐二年三月	五六	?	護都答兒	張起巖
同　五年三月	五〇	?	護都達兒	霍希賢
至治元年三月	六四	?	達普化（泰普化）	宋本
泰定元年三月	八六（2）	?	捌剌（一作八剌）	張益
同　四年三月	八六	?	阿察赤	李黼
天歷三年三月	九七（四?）	?	篤列圖	王文燁
元統元年九月	一〇〇（五?）	?	同上	李齊
中絕（3）				
至正二年三月	七八	一八	拜住	陳祖仁
同　五年三月	七八	一八	普顏不花	張士堅
同　八年三月	七八	一八	阿魯輝帖穆而	王宗哲

同十一年三月	八三	一八	朶列圖	文允中
同十四年三月	六二	一八	薛朝晤	牛繼志
同十七年三月	五一	一八	偰徵	王宗嗣
同二十年三月	三五	一八	買住	魏元禮
同二十三年三月	六二	一八	寶寶	楊輗
同二十六年三月	七三？	二〇	赫德溥化	張棟

（註1）至正二十六年三月之廷試，打破先例，國子生員定額增爲二十人，蒙古七名，授正六品；色目六名，從六品；漢人（包含南人）七名正七品。（元史卷九二百官志科目）

（2）本表乃據元史卷八一選擧志科目條，與卷九二百官志科目條而作者。然參觀本紀，又稍有不同擧人出身者之合格數，以小字附記者及人名旁註有「一作某」者皆爲據本紀之考異。

（3）因元統三年（十一月改元至元）十一月罷科擧之故。（元史卷三八順帝紀）乃中書省平章政事徹里帖木兒之主張也。此時參知政事許有壬大不謂然，爭之無效。其後六年之間，未行科擧。許有壬與太師伯顏之問答，詳元史卷一四二徹里帖木兒傳。

（c）蔭敍

蔭敍一名承廕，因父祖之廕而得品官之謂也。元典章（卷八）承廕條，有至元四年十月中書省發布之品官廕敍體例曰「諸官品正從分爲一十八等，職官用廕各止一名。正從一品子正七品敍，正三品子從七品敍，從三品子正八品敍，正四品子從八品敍，從四品子正九品敍，正從五品子從九品敍。」此文對於蒙古色目漢人之階級上，尚無何等差別之規定。及至成宗之世，遂有差別之制。元史（卷二十）成宗紀云：「大德四年八月癸卯朔，更定廕敍格。正一品子爲正五，從五品子爲從九，中間正從以是爲差。蒙古色目人特優一級。」元史（卷八三）選舉志銓法條，更詳記云：「大德四年省議諸職官子孫廕敍，正一品子正五品敍，從一品子從五品敍，正二品子正六品敍，從二品子從六品敍，正三品子正七品敍，從三品子從七品敍，正四品子正八品敍，從四品子從八品敍，正五品子正九品敍，從五品子從九品敍，正六品子從六品子近上錢穀官，正七品子酌中錢穀官，從七品子近下錢穀官。諸色目人比漢人優一等廕敍。達魯花赤子孫，與民官子孫，一體廕敍，傍廕照例降敍。」蓋蒙古色目人之膺敍，較漢人高一等，爲元代之定制也。

三階級之差別在任用官吏上之最顯著，已如上述。此外元代記錄中，所傳甚稀，不得其詳。故吾人姑就曾寓目者一言之，其餘只能俟他日之研究。

（三）其　他

（a）刑　罰

犯罪者處罰時，蒙古色目人，與漢人南人各別。以前者寬後者嚴爲原則。如：

至元九年五月，禁漢人聚衆與蒙古人鬬毆。（元史卷七世祖紀）

是禁漢人毆辱蒙古人也。又：

諸蒙古人與漢人爭，毆漢人，漢人勿還報，許訴於有司。（元史卷一〇五刑法志）

其意卽謂漢人若毆蒙古人，蒙古人可立卽還毆，而漢人被蒙古人毆時，僅許訴於官也。此爲至元二十年之布告。（元典章卷四四刑部雜例）

致和元年，以上都大都所屬蒙古人并怯辥軍站色目與漢人相犯者，歸宗正府處斷。其餘路府

州縣漢人蒙古色目詞訟，悉歸有司。（卷八七百官志）

在泰定帝之世，各地方之蒙古色目人有罪則立送其地之官衙，與漢人無異。其後兩者之間，亦有差別。前者受特別之待遇。如下：

諸蒙古人居官犯法，論罪既定，必擇蒙古官斷之。行杖亦如之。（卷一〇二刑法志）

諸四怯薛及諸王駙馬蒙古色目之人，犯姦盜詐僞，從大宗正府治之。（同上）

順帝元統二年三月丁巳，詔蒙古色目犯奸盜詐僞之罪者，隸宗正府。漢人南人犯者屬有司。

（卷三八順帝紀）

又大德六年，定竊盜初犯刺左臂，再犯刺右臂，三犯刺項。強盜初犯刺項。又云：

其蒙古人有犯，及婦人犯者，不在刺字之例。（卷一〇四刑法志元典章卷四九刑部，強竊盜。）

是蒙古人免刺也。順帝紀元統二年七月條云「詔蒙古色目犯盜者免刺。」此與前條同爲一事可知。前文之蒙古人，實包含色目人者。（註一）其尤著者，漢人南人殺蒙古色目人，處以死刑；且向犯人之遺族徵燒埋銀。（埋葬費？）蒙古色目人，若因爭論或乘醉而殺漢人，僅罰金命其出征而免死刑。

（註二）

（註一）犯罪而處以遠流者，北人流於南陲之地，南人流於北邊之地。所謂南人者，非必指江南人也；漢人亦包含於其中。故所謂北人者，蒙古色目人外，亦包含高麗女直人。惟此無階級之別，只流謫於遠隔其居處之地。今舉數例如左：

（a）漢兒人蠻子人（南人）申解遼陽省，發付出軍。色目高麗及（人？）申解湖廣省發付出軍。……蒙古色目人，發付兩廣海南，漢人南人發付遼陽屯田。（元典章二二戶部，鹽課，鹽法通例條）

（b）大德八年十一月壬子詔，內郡江南人凡爲盜黥三次者，謫戍遼陽。諸色人及高麗三次免黥，謫戍湖廣。（元史卷二一成宗紀）

（c）元統（？）元年，……先時有罪者，北人則徙廣海，南人則徙遼東，去家萬里，往往道死。結請更其法，移鄉者止千里外，改過聽還其鄉，因著爲令。（元史卷一七八，王結傳）

（d）諸流遠囚徒，惟女直高麗二族流湖廣，餘並流奴兒干及取海青之地。（元史卷一〇三刑法志）

（e）陳韶孫，廣東番禺人，父瀏以罪流肇州。（元史卷一九七孝友傳）是乃大德六年之事。番禺今之廣州，肇州在今哈爾濱與長春之間。

（f）孫子耕者，杭人，與新城豪民駱長官爲友。元統間，駱犯罪流奴兒干……（山居新話）杭者，浙江之杭州。新城在杭州西南。奴兒干爲近黑龍江口之地。海青香，海東青也，鷹之一種。奴兒干地方多此鳥。

（註二）詳見元史卷一〇五刑法志殺傷條。

（b）服色

仁宗延祐二年十二月，定服色之等第。元典章卷二九禮部云：

蒙古人不在禁限，及見見怯薛諸色人等，亦不在禁限。惟不許服龍鳳文。（龍謂五爪二角者）

又對於官吏各品之服器皿帳幕車輿鞍轡庶人之服等，有所規定。就中關於色目人者云：

諸色目人，除行營帳外，其餘並與庶人同。

此文意義稍欠明瞭。所謂「行營帳」者，當爲「備怯薛」之義。卽除天子服色之龍鳳文以外，惟許蒙古人全部，及諸色人（蒙古人以外之各種人）之在怯薛職者用之。一般漢人固不許用；卽色目人，若非現在怯薛之職者，其服色皆當與庶人同也。而此訓令最後項有「今後漢人高麗南人等投充怯薛者，並在禁限。」則第一項之「見見（現任之意）怯薛諸色人等」實際與「見見怯薛色目人」同意。

（c）徵發馬匹與收沒兵器

世祖成宗之世，徵發天下馬匹時，亦區別色目人與漢人。如左：

至元二十三年六月戊申，括諸路馬。凡色目人有馬者三取其二；漢民悉入官，敢匿與互市者，罪之。（元史卷一四世祖紀）

元貞二年五月甲戌，詔民間馬牛羊，百取其一。羊不滿百者，亦取之。惟色目人及數乃取。（同上卷一九成宗紀）

自世祖時，始屢下令，收沒漢人南人所藏之兵器，及類似兵器之器具。對蒙古色目人則不然。如左：

至元二十三年二月己亥，勅中外，凡漢民持鐵尺手撾，及杖之藏刃者，悉輸於官。（卷一四世祖紀）

至元二十六年六月己酉，翟昌汪惟和言，近括漢人兵器，臣管內已禁絕，自今臣凡用兵器，乞取

之安西官庫。帝曰，汝家不與它漢人比，弓矢不汝禁也，任汝執之。（卷一五世祖紀）

至元二十七年九月，申嚴漢人田獵之禁。（卷一六世祖紀）

同年十二月己卯，命江南民間兵器，及將士習武，如戊子歲詔。（同上）

至大二年十二月辛酉，申禁漢人執弓矢兵仗。（卷二三武宗紀）

至大四年十一月庚寅，申禁漢人持弓矢器田獵。（卷二三仁宗紀）

至治二年正月甲戌，禁漢人執兵器出獵，及習武藝。（卷二八英宗紀）

泰定二年七月，申禁漢人藏執兵仗。有軍籍者出征而給之，還復歸於官。（卷二九泰定帝紀）

後至元三年四月，禁漢人南人高麗人不得執持軍器。凡有馬拘入官。（卷三九順帝紀）

同五年四月己酉，申漢人南人高麗人，不得執軍器弓矢之禁。（卷四〇順帝紀）

沒收兵器，與徵發馬匹，皆因對漢人有危懼心之故也。

（1）關於收沒兵器之規定，有足見三階級之差別者。即元史卷一三世祖紀云，「至元二十二年五月，……分漢地及江南所拘弓箭兵器爲三等，下等毀之，中等賜近居蒙古人，上等貯於庫。有行省行院行臺者掌之。無省院臺者，達魯花赤，畏兀（畏吾兒）回回居職者掌之。漢人，新附人，（南人）雖居職，無有所預」是也。

（四）南　人

徵於元史元典章以下元代記錄，漢人之外又有呼爲南人者，卽稱亡金之遺民爲漢人，稱亡宋之遺民爲南人也。錢大昕所謂「漢人南人之分，以宋金疆域爲斷，江浙湖廣江西三行省爲南人，河南省唯江北淮南諸路爲南人」（養新錄卷九）者可從。世祖時南人與漢人尙受同等之待遇。中書省樞密院御史臺等中央政府有用之者，在地方行省占重要地位者亦不少。其後漸被排斥。及元末天下多事，需才孔急，又有求漢人歡心之必要，南人任用之途始稍廣。而南人立於中書省要路者，通有元一代，唯危素一人而已。尤以怯薛（卽宮中之宿衛）之職，自武宗以後，南人與漢人同受排斥。英宗之世，惟不許選用南人。要之元代三階級中，最下位爲漢人，而漢人中之南人，尤受冷遇。以其爲最後降蒙古者故也。茲因欲使上述事實格外明瞭，特摘錄元史及其他記載如左：

（一）至元二十四年五月，沙不丁言，江南各省南官多，每省宜用一二人。帝曰，除陳巖呂師

夔管如德范文虎四人，餘從卿議。（元史卷一四世祖紀）

（二）江西行省准中書省咨，至元二十八年十二月十五日奏過事內一件，江南勸課農桑，那裏的路官每親身巡行呵，搔擾百姓，有不教行呵，怎生麼道，奏呵，與理會的南人每一處商量了說者麼道，聖旨有來。……（元典章卷二三勸農）

（三）至正十二年三月，有旨省院臺不用南人，似有偏負。天下四海之內，莫非吾民，宜依世祖時用人之法，南人有才學者，皆令用之。自是累科南方之進士始有爲御史，爲憲司官，爲尚書者矣。（元史卷九二百官志科目）

（四）至正十二年，（？）擢禮部郎中，再遷吏部，拜監察御史。自世祖以後，省臺之職，南人斥不用。及是南士得居省臺，自師泰始。時論以爲得人。（元史卷一八七貢師泰傳）

（五）至正十二年，有旨令南士皆得居省臺。除伯琦兵部侍郎，遂與貢師泰同擢監察御史，兩人皆南士之望，一時榮之。（同上周伯琦傳）

（六）至正二十年正月壬子，以危素爲參知政事。（元史卷四五順帝紀）

（七）至正二十年拜參知政事，俄除翰林學士承旨，出爲嶺北行省左丞。（明史卷一八五危素傳）

（八）至治二年三月，敕四宿衛（四怯薛）與聖宮及諸王部，勿用南人。（元史卷二八英宗紀）

四　結言——解釋

據上所述，吾人已知三階級中民族之種類，及同被征服者色目漢人二階級公權之差異矣。於是不可不加以若何之解釋。今分以下數項陳述鄙見，以作此篇之結論。

（一）優待色目人之理由

征服者之蒙古人，占三階級中第一位，本事理之當然，毫無足怪。至色目人與漢人，則同爲被征服者；乃前者駕後者之上，占第二位；時或受準蒙古人之待遇，不能無奇異之感。今推測其理由如左：

（1）爲先於漢人服屬蒙古者　自汪古乃蠻始，以至回回康里阿速欽察唐兀等，殆所謂色目之全部，當太祖時已被征服或來降矣。而狹義之漢人，因太宗滅金，始爲蒙古之臣民。廣義漢人中之契丹與女眞，雖可認爲太祖時已服於蒙古；其實當認爲世祖至元二十五年叛王乃顏伏誅後，始歸屬者。其不入於色目而屬於漢人者，殆此故乎？抑因契丹女眞與北部中國人久爲金民之故也。要之色目人與漢人服屬於蒙古之有前後明甚。因其服屬有前後，即爲待遇差別之一因。其理由如左：

（a）漢人中最後降蒙古者，爲南宋之遺民，即所謂南人也。南人在三階級最下位之漢人中，又爲最受冷遇者。彼等除爲頑強抵抗蒙古之最後國民外，不能發見何等理由。

（b）世祖至元七年二月，高麗國王王植（元宗）來朝時，世祖諭王植之詔曰：「汝內附在後，故班諸王下，我太祖時亦都護先附，即令齒諸王上，阿思蘭後附，故班其下，卿宜知之。」（元史卷七世祖紀）高麗之眞內附而不復叛者，自憲宗九年四月元宗爲世子時入朝始。本文中之「亦都護」，即祕史之亦都兀惕（idughut），西人書中之 idikut 也，有幸福之義，爲畏吾兒國主之稱號。太祖時來降之亦都護，本名巴而朮阿而忒的斤。據親征錄及元史太祖紀，亦都護於太祖四年遣使降蒙古，六年春入覲。「阿昔蘭」爲 Arslan 之對音，有獅子之意，哈喇魯國主之名也。太祖六年，與前記之亦都護同時入覲，於怯綠連河之行宮。因亦都護之納降較早二年，故待遇有上下之別。如是者，因服屬歸降之遲速，而定國主部長在宮中席次之上下之制，若如世祖之言，爲太祖以來之成憲，則謂國民待遇上亦有同之標準，當無不可。

（2）爲創業時代樹大功者　創業時代，漢人耶律楚材楊惟中等之文勳，史天澤一門之武功，雖有特筆記載之價值；但色目人降服最早，亦最早爲蒙古朝廷之用，由其人員言之，由其地位言之，皆遠在漢人之上。試翻元史，一讀色目人之列傳，彼等武功之顯著，已不待言；卽其文勳，亦甚偉大。其中咀嚼漢人之文化，在廟堂論政時，全作儒者口吻者，實非少數，有出於吾人豫想之外者。故色目人之被優待，決非偶然也。

（3）對漢人牽制上之必要　漢人不僅占國民之大多數，且文化之程度，決非蒙古人所能同日而語。故帝國官吏中之文官，有不得不用多數漢人之勢。然非蒙古君臣之所喜也。極言之，實可視爲國家之深憂與禍源焉。故取文化之程度，官吏之才能，足與漢人拮抗；且對漢人無何恩怨之色目人而重用之。一面可以牽制漢人；一面可圖自家安全。且色目人較漢人爲數極少，縱附以多大之特權，不憂其發生大害也。其許色目人雜居中國內地也（參照二十二史劄記色目人隨便居住條）蓋因此故。又回回人居住南方者多，其與沿海貿易之關係，似亦爲其主因。是亦適於牽制南人也。如是重用色目人，以牽制漢人之勢力，而維持蒙古人地位之作用，只觀其以色目人爲中間階級之制度，已能證明，而無何疑義矣。但元史及其他記錄，無足以表明此種方針之記事，不無遺憾。惟元典章（卷二）聖政飭官吏條，有左列之文，亦漏洩此消息之一端者。

延祐七年十一月，欽奉至治改元詔書內一款，守令賢否，民之休戚所係，必得其人，乃能宣化。比者舉劾殿最，掌任臺察，今徒知黜貪而不知揚善，殊失懲勸之道。今後從監察御史肅政廉訪司官，於常選人中，每歲貢舉可任守令者二人；並須指陳廉能實跡。色目官初舉，漢官復察，漢官初舉，色目官復察，限次年三月以裏，申臺呈省，籍其姓名，以備擢用。既用之後，考其政績成敗，與元舉官同示賞罰，違期不舉，罪亦及之。

（二）冷遇漢人之理由

漢人爲被征服者，其居於蒙古人之下風，固可認爲不得已之命運而忍之。但與漢人同爲劣敗者之色目人，乃與以準蒙古人之特權，而置漢人於最下級。由漢人觀之，固爲意外之處置；由蒙古朝廷言之，則爲非常之英斷也。優待色目之理由既如上述，而冷遇漢人之理由亦不可不一言之。

（1）懲罰之意　漢人抵抗蒙古直至最後弓折矢盡而始降服；尤以南人爲然。其受劣等之待遇，加以若干之壓迫，由蒙古人觀之，殆無非一種懲罰耳。

（2）警戒之意　漢人不僅占國人之大半，又有非常卓越之政治的才能。蒙古君臣，由尊敬而起畏憚。故在經營漢人的國家之必要上，雖當登用漢人，而使在政治經濟兩方面發揮其手腕。然若重用之，而使參與樞機，由蒙古君臣觀之，實非常危險；此所以不欲重用漢人也。又類似排斥漢人之法令，自元中世以後，所以頻頻發布者，亦因此故。今將蒙古朝廷，對漢人時時懷危懼之念而竊有所備之事實，摘錄一二，以供讀者之參考。（a）自世祖至元年間，屢次下令，禁漢人南人私藏兵器及類似兵器者，且禁田獵。（世祖紀，泰定帝紀等）（b）至元二十八年頃，有建議京師之地，宜使蒙古人與漢人互相參差居住，以備不虞者。（卷一三〇不忽木傳）（c）後至元三年，權臣伯顏請殺張王劉李趙五姓漢人，順帝不從。（卷三九順帝紀）伯顏因何等動機而欲作此暴舉，雖無由知之；但即此一事，已足傳蒙古人對漢人之極端思想之消息矣。

（三）漢人之恬靜與其理由

漢人嘗輕侮蒙古人爲北狄，乃被其征服，供其頤使；而同被征服之色目人，無何等重大理由，竟居漢人之上位，漢人文化雖最優，人口雖最多，而置於三階級之下位焉。於是論元代歷史者，料想漢人必異常不平；惟無反抗新興蒙古之勢力，故不得不忍淚而雌伏耳。且謂元代小說戲曲之所以盛大者，因不得志於仕途之文人才士，聊借遊藝以自慰耳。（註一）元室不及百年，遂失天下者，無非壓迫漢人之反動耳云云。此說似可首肯，而事實適得其反。據吾人所見，元代漢人，對於如此顯著之階級制度，不特無何等反對運動，且殆無不平之聲。一般士民，原可認爲畏罪而不敢言者；但在太祖世祖朝得天子之信任，地位名望皆爲上下所信仰之耶律楚材史天澤劉秉忠許衡等，皆能言其所欲言，且所言無不用；若全體漢人因受色目人以下之待遇而大不平，上列諸人，當能代表漢人，爭之於廟堂之上，而爲同胞謀地位之向上也。而元史及其他記錄中，絕不見此形迹。可見漢人對此制度，無大不平矣。然則彼等所以保持其恬靜之理由何在乎？吾欲歸納於左列諸點：

（註一）明李贄（卓吾）讀忠義水滸傳序云：「水滸傳者發憤之作也。蓋自宋室不競，冠履倒施，大賢處下，不肖處上，馴致夷狄處上，中原處下，一時君臣猶然處堂燕鵲，納幣稱臣，甘心屈膝於犬羊已矣。施（施耐庵）羅（羅貫中）二公身在元，心在宋，雖元日，實憤宋事也。……」云云，卽其一例也。日本森槐南博士說元曲之起因云：「所謂元代者，朔漠蒙古一統中國之時代也。其人非中國本土之人，乃外國人侵入而統一之者。當是時也，上自朝廷大臣下至地方樞要官員皆稱蒙古之帖木兒（？），以蒙古部落人充其官職故也。是時中國以前之禮樂文章，爲中國人從來所誇耀者，一時掃地無餘。於是中國本土修固有文學之文學家，昔日用於高位而各得其所者，此時皆被蒙古人所鄙棄。卽偶然見用，不過下僚，不能少伸其志。……當時學者，抱文學之才，而遭遇曠古未有之奇變，無法以自立於世，欲以其本來所學之經學詩賦自顯，其道又無由，此戲曲之所以發明也。……」（作詩法講話第五章）鄭所南集云：「元制，一官，二吏，三僧，四道，五醫，六工，七獵，八民，九儒，十丐。」謝枋得文云：「今世俗人有十等，一官，二吏，先之者貴之也。七匠，八娼，九儒，十丐，後之者賤之也。」但此乃一部分不得志之儒者間之說，非當世之眞相也。

（a）漢人對夷思想之變化　漢人自古素嚴夷夏之別，惡用夷變夏，而喜用夏變夷。若夷人長居中國，遵從華俗，漢人視之，則與漢人無異。故漢人所謂華夷之別，非種族之別，實文物風俗之別也。苟同化於漢人之文物風俗，無論如何種族之民亦無何等差別之待遇。此種對夷思想，乃五胡，後魏，五代，遼金等時代，或與北方民族接觸，或屬其治下，次第變化而來者。夷狄之君主，若尊重漢人文化，不但不受排斥，且視爲優於施暴虐之漢天子。吾非謂漢人有敢作此宣言者；但至少北方之漢人，奉戴夷狄君主，已有長久之經驗矣。金世宗嘗語其臣下曰：「燕人自古忠直者鮮，遼兵至則從遼，宋人至則從宋，本朝至則從本朝，其俗詭隨，有自來矣。雖屢經遷變，而未嘗殘破者，凡以此也。」（金史卷八世宗紀）此種情形，殆不限於燕人；北方漢人，概皆有此傾向。至南方之漢人，雖不可一概而論，但自宋以來，始則契丹，次則女眞，最後則蒙古，三百年間之交涉，已漸能了解北方民族之眞相，而自悟昔日犬豕視之之固陋矣。要之南北漢人，對外人之觀念，雖有濃淡厚薄之差，大體上已不置重所謂漢夷之別矣。元之至元五年，始置御史臺，而御史十一員，悉爲漢人。後增爲十六員。至元十九年，崔彧奏請再任蒙古御史十六員，漢蒙相參，以期糾察之公平，許之。（註一）崔彧爲世祖朝名臣之一，固非獻媚於蒙人以迎世祖之意者。但自以漢人之身，而以檢舉彈劾之特權，分與蒙古人。一面可見崔或爲人之公正，一面亦可見當時漢人對蒙古人思想之一端矣。茲仍有足以證明漢人自重心冷却之一例。世祖至元十五年以後，喇嘛楊璉眞加與權臣桑哥相結，屢發宋代諸陵，取其金銀寶器以修寺塔，或放棄陵骨於草間，或雜以牛馬枯骼而作一塔，名曰鎮南塔。會稽人唐珏，以私財僱壯士竊葬之。林德陽裝作乞丐，以拾陵骨。後世稱唐林二人爲義士，而當時漢人，不能皆效唐林，寧非意外耶？更奇者，則當時漢人出身之在朝大官也。至元十五年，除蒙古人伯顏，畏吾兒人廉希憲外，中書省有右丞張惠，參政耿仁，郝禎諸人。二十一二年有平章張惠，左丞史樞，呂師夔，參政張鵬舉，郭佑，張德潤諸人，乃只任唐林二人飲泣吞聲，而不聞諸公對此狂僧之暴行，有何陳奏也。淸人溫睿臨之南宋六陵遺事序云：「余讀楊璉眞珈發宋諸陵一事，未嘗不嘆息流涕，悲宋之無人。……今世祖卽位已十五年，平宋已三年矣；伯顏希憲（廉希憲）之徒，賢臣林立，使果有痛哭陳詞者，朝議必翕然和之，世祖必爲感動。桑哥矯制必不得施；西僧之奸惡，必不得肆，而宋之諸臣，環顧而寂無一言，乃使掩骼之舉，僅得之玉潛（唐珏之字）霽山（林德陽之號）諸君子，不知其夷傷亦已甚矣。……」誠至言也。至是吾人不能不疑漢人之無神經矣。

(註一)元史卷一七三崔彧傳。

(註二)明張溥元史紀事本末論正評元代科舉云:「好儒,名焉而已。」言其無任用儒者之誠意也。又論其尊喇嘛爲帝師云:「名爲尙儒而先辱元聖二帝(仁宗文宗)之彬彬,亦葉公之好龍耳。況成武而降哉?」(卷九科舉學校之制條)張氏之科舉論,雖有偏於感情之嫌,而默認喇嘛僧之狂暴,實不可不謂世祖以下諸帝之大失也。

(b)階級制之不徹底　元代社會,蒙古色目漢人三階級事實上固無容疑。但其視階級而授受公權之規定,亦決非絕對不變者。故元代之階級制,視印度四種姓,實有雲泥之差。原則上雖云蒙古人享有一切特權,色目人有準蒙古人之資格,而漢人無何等特權。但只原則如是耳;事實上固多例外也。漢人亦得爲省院臺之長官,亦得爲各路總管府之達魯花赤及親軍都指揮使,且能入怯薛。若夫各官衙之次官,則概屬漢人。次官之職品,多與長官同,其不同者,不過一級之差耳。不獨此也,地方軍民長官之達魯花赤,亦往往缺而不補,而以次官總管萬戶統轄總管府萬戶府事。次官既然,其下屬僚,漢人占其大半,殆不待言。今據元典章(卷七)將大德七年(註)內外諸官之員數列表如左:

- 總員　二六、六九〇（八？）
  - 有品級　二二、四九〇
    - 朝官　二〇八九
      - 色目　九三八
      - 漢人　一、一五一
    - 京官　五〇六
      - 色目　一五一
      - 漢人　三五一（六？）
    - 外任　一九、八九五
      - 色目　五、六八九
      - 漢人　一四、二三六（二？）
  - 無品級　四、二〇八
    - 儒學教授　八七六
    - 醫學教授　二三三
    - 蒙古教授　九二一
    - 陰陽教授　七三
    - （以上四項）二一〇二
    - 不係常調　二、一〇六

據右表，比較色目（包含蒙古人）與漢人之數，則如左：

有品級 ｛色目（含蒙古人）　六七八二
　　　　 漢人　　　　　　一五七三八

有品級之漢人，既占他二階級之二倍以上，則無品級者，大半爲漢人，亦可由其職務上而推知矣。

（註）田中華一郎氏有元之官吏登庸法一文（史學雜誌第二十六編二九七頁）此文乃據元典章卷首中書省劄文之年次以推定者，姑從之。元典章官吏之員數，各數與總數，未能相符，殆爲傳寫之誤，故附小字於旁，以備參考。

（b）世祖尊崇儒教　世祖好儒學，以儒術爲政教之根本；故居其左右者，漢人不必言，雖色目人，亦多精通儒學者。世祖崇漢主義，宗室有一部反對者；至元五六年頃，曾受西北藩王之詰問。元史（卷一二五）高智耀傳有「會西北藩王遣使入朝，謂本朝舊俗與漢法異，今留漢地，建都邑城郭，儀文制度，遵用漢法，其故何如？帝求報聘之使以析其間，智耀入見請行，帝問所答，畫一敷對稱旨，即日遣就道，至上京病卒……」是也。世祖既然，其後諸帝，亦務守世祖之遺法。雖時有排斥漢人之令，亦限於特殊方面；又或出於蒙古人自衞之計，原不欲窮追漢人也。至若前代金世，漢人只受契丹人以下之待遇，加以世宗之保存國粹主義，壓迫尤甚；故漢人反樂在蒙古人治下。（註）趙翼二十二史劄記有「元末殉難者多進士」一條，謂「國家設科取士亦不徒矣。」所舉進士，雖不皆漢人，但此事亦可想見漢人對元室感情之一斑矣。

（註）參考金代兵志之研究中猛安謀克考。

（c）優遇宋室　金之攻宋，待其皇室實極峻烈。徽欽二帝，客死窮北之地；二帝之子孫近族，被殺無遺。宋人之怨金人，蓋徹於骨髓矣。元人待亡宋君臣則頗寬大。臨安陷時，宋主未受繫頸牽羊之辱。及至上都，封瀛國公，全太后頗受世祖皇后之厚遇。母子私產，永爲世業，而獲免租特典。其他優遇之例，不可勝數。漢人南人之有心者，追想前代之舊事，其感激也宜矣。

要之元代階級制，至世祖時而確立；通有元一代，皆存此上下之別。但各階級所享權利之內容，則頗不徹底。法文上羈束漢人雖甚，事實上則與以意外寬大之待遇。此雖元朝君臣不諳文明治道之所致，亦實因蒙古人不慣於政事，人數又少，而色目人亦不多，不足補蒙古人之缺；而漢人則長於政治經濟之術，且占國民之大多數故也。世祖即位後十餘年間，既統一中國，尚不能放棄對日本安南之野心；加以皇族海都，不能恭順；故世祖對漢人及新附之南人，實不能不懷疑懼。此世祖對漢人之方針，所以一面太嚴，一面太寬者，此也。果爾則漢人對於階級制，對於元室，至少表面上當無何等反抗。此實由於世祖之深謀遠慮，故漢人之統治策，遂大成功。至於元室衰亡之原因，則當求之宗室之內訌，大臣之爭權，喇嘛之驕暴，財政之紊亂。決非漢人對階級制不平之故。而當代戲曲小說之隆盛，亦不可不求其他之原因。附記於此，以俟他日之考究。